THÉATRE DES FOLIES-DRAMATIQUES.

LE

CARNAVAL DES MARIS

COMÉDIE-VAUDEVILLE EN TROIS ACTES

Par MM. CORMON et Eugène GRANGÉ

Représentée, pour la première fois, à Paris, sur le théâtre des FOLIES-DRAMATIQUES,
le 5 février 1853.

PRIX : 60 CENTIMES.

Paris

BECK, LIBRAIRE, RUE DES GRANDS-AUGUSTINS, 20

TRESSE, successeur de J.-N. BARBA, Palais-Royal.

—

1853

AVIS. — Nulle traduction de cet ouvrage ne pourra être faite sans l'autorisation expresse et par écrit des auteurs, qui se réservent en outre tous les droits stipulés dans les conventions intervenues ou à intervenir entre la France et les pays étrangers en matière de propriété littéraire.

LE CARNAVAL DES MARIS

COMÉDIE-VAUDEVILLE EN TROIS ACTES,

Par MM. CORMON et Eugène GRANGÉ

Représentée, pour la première fois, à Paris, sur le théâtre des FOLIES-DRAMATIQUES, le 5 Février 1853.

PERSONNAGES.	ACTEURS.
FOUINARD, marchand de rouenneries	MM. Coutard.
BLAIREAU, marchand de drap	Boisselot.
SCIPION	Manuel.
ACHILLE	Belmont.
GORENFLOT, portier	Jeault.
SYLVESTRE, commis de Fouinard	Ernest Vavasseur.
DUBOURG	Lemonnier.
UN MARCHAND DE BILLETS	Desquels.
UN GARÇON DE RESTAURANT	France.
UN MONSIEUR	Halserc.
UN PAILLASSE	Fayolle.
UN MARCHAND DE COMESTIBLES	
VALÉRIE, femme de Blaireau	Mmes Duplessis.
CAROLINE, femme de Fouinard	Cénau.
FIFINE	Anaïs-Miria.
UNE BOUQUETIÈRE	Delisle.
UN DÉBARDEUR	Élise.
Commis, Masques, Passants, etc.	

L'intérieur d'un magasin de rouenneries, celui de Fouinard; porte d'entrée au fond, deux autres portes à droite, dont l'une conduit aux magasins du premier étage et l'autre aux appartements; comptoirs à droite et à gauche, au fond, un marchepied double servant à prendre les marchandises dans les rayons; deux lampes, placées sur les comptoirs, éclairent le magasin.

SCÈNE PREMIÈRE.

CAROLINE, SYLVESTRE, COMMIS.

(*Caroline est assise au comptoir de gauche et elle écrit: Sylvestre au comptoir de droite, est en train de mesurer une pièce de calicot avec un mètre planté dans le comptoir. Les commis vont et viennent, préparent des marchandises. On entend en dehors le bruit des trompes et les cris du carnaval.*)

CHŒUR.

Air du *Domino*.

Partout l'on danse,
Mais quelle chance!
Pour nous, adieu plaisir du bal!
Il nous faut faire
Notre inventaire
Quand tout Paris fait carnaval!

CAROLINE. Allons, Messieurs, faites un peu moins attention aux cris des masques et occupez-vous davantage de votre besogne.

SYLVESTRE, *à part*. Quelle belle femme que cette madame Fouinard! Ah! cet animal de patron est trop heureux!

CAROLINE. Nous, monsieur Sylvestre, continuons notre inventaire.

SYLVESTRE, *à part*. Je ne me lasse pas de faire celui de ses attraits.

CAROLINE, *relisant ce qu'elle a écrit*. Soixante-douze mètres madapolam à soixante centimes... Après?

SYLVESTRE, *à part, et tirant un papier de sa poche.* Si je pouvais seulement lui glisser ces vers que j'ai copiés pour elle dans l'Almanach des Grâces de 1810.

CAROLINE, *plus fort.* Après?

SYLVESTRE, *à part, lisant.* « A Caroline. » Il y avait à Chloris... J'ai substitué Caroline... C'est son petit nom. (*Lisant.*)

 « D'un guerrier blessé par tes charmes
 « Accepte l'hommage en ce jour. »

Elle comprendra l'allégorie... Elle est si fine!

CAROLINE. Monsieur Sylvestre!.. Eh bien, allez donc!.. continuez!..

SYLVESTRE, *avec feu.*

 « C'est dans le carquois de l'Amour
 « Que, pour vaincre, tu pris tes armes. »

CAROLINE. Hein?.. plaît-il?

SYLVESTRE, *se troublant.* Ah! pardon!.. pardon!.. je... (*Mesurant vivement.*) Soixante-douze mètres de madapolam à soixante...

CAROLINE. Mais vous m'avez déjà dicté cet article... vous avez des distractions inconcevables!

SYLVESTRE, *d'un air langoureux.* Comment n'en aurais-je pas, lorsque... lorsque... (*On entend des cris dans la rue.*)

CAROLINE. Je crois que ce sont les cris des coureurs de bals qui vous tournent la tête.

SYLVESTRE. Oui, ça... et autre chose... (*Insistant.*) Autre chose de plus... de moins...

CAROLINE. Après? dictez donc!

FOUINARD, *appelant dans l'arrière-boutique.* Alexandre, Victor!

SYLVESTRE, *à part.* Bon!.. le patron les appelle dans l'arrière-magasin... je vais rester seul... avec elle... je vais pouvoir m'ouvrir!..

FOUINARD. Monsieur Sylvestre!.. venez m'aider!.. montez tous!

SYLVESTRE, *à part.* Allons, bien! que le diable l'emporte!.. (*Nouveaux cris en dehors se mêlant à la voix de Fouinard.*)

CAROLINE. Mais allez donc, Messieurs, allez donc... est-ce que vous n'entendez pas que mon mari vous appelle?

SYLVESTRE, *à part.* Quelle scie!..

REPRISE DU CHOEUR.

 Partout l'on danse,
 Mais quelle chance!
 Pour nous, adieu plaisir du bal!
 Il nous faut faire
 Notre inventaire
 Quand tout Paris fait carnaval.

(*Les commis sortent par la droite, Sylvestre le dernier en jetant un regard tendre sur Caroline. A la fin du chœur, on entend frapper à la porte du magasin au fond.*)

CAROLINE, *se levant et allant ouvrir.* Ah! c'est sans doute notre voisin, M. Blaireau!.. Oui, je reconnais son fausset.

SCÈNE II.

CAROLINE, BLAIREAU, VALÉRIE.

BLAIREAU, *entrant et gaiement.* Salutem omnibus! voisine, mes hommages très-humbles.

VALÉRIE. Bonsoir, Caroline.

CAROLINE. Arrivez donc!.. (*A Blaireau.*) Mon mari s'impatientait après vous. Voilà déjà trois fois qu'il demande si vous êtes venu.

BLAIREAU. Il n'est que dix heures.

VALÉRIE. Sitôt le magasin fermé et les comptes faits nous sommes partis.

BLAIREAU. J'avais promis à l'ami Fouinard de lui donner un coup de main pour son inventaire, et je n'aurais eu garde d'y manquer... esclave de ma parole, comme Régulus... à charge de revanche, bien entendu; car je commence le mien dans trois jours.

VALÉRIE. Et tu vois que je viens te tenir compagnie et t'aider aussi... au besoin.

CAROLINE. C'est bien gentil de ta part!

VALÉRIE. Et puis, disons la vérité, Blaireau ne serait pas venu sans moi.

BLAIREAU. Ah! c'est-à-dire...

VALÉRIE, *piquée.* Comment, Monsieur, vous auriez quitté votre femme? vous m'auriez laissée seule à la maison?

BLAIREAU. Mais non!.. mais non!.. Ne prends donc pas la mouche... tu sais bien que loin de toi je suis comme un corps sans âme!

CAROLINE, *riant.* Ah! ah! vraiment?

BLAIREAU. Eh bien! oui, je l'avoue, passer toute une nuit sans ma femme... je ne le pourrais pas... tu sais bien, Louloute, que je ne le pourrais pas!..

CAROLINE. Voilà un mari!

VALÉRIE. Habitude, ma chère, habitude!

BLAIREAU. Eh bien! quand cela serait, parbleu!

Air : *Voulant par ses œuvres complètes.*

 L'habitude est tout dans la vie!
 Moi, loin de blâmer sa rigueur,
 A l'habitude je me plie :
 Et je lui dois santé... bonheur!

(*Il prend amoureusement la taille de sa femme.*)

VALÉRIE.

 Bref, à l'habitude fidèle,
 Pour vivre heureux, dispos et frais,
 Mon mari ne quitte jamais
 Ni sa femme... ni sa flanelle!

BLAIREAU. Oh! jamais! jamais!

CAROLINE, *à Blaireau.* Il faudra pourtant que vous fassiez une exception... car après avoir travaillé jusqu'à trois ou quatre heures du matin, dans le cas où vous auriez besoin de vous reposer, mon mari vous a fait préparer un lit dans sa chambre.

BLAIREAU. Comment, comment, dans sa chambre!.. Et ma femme?

ACTE I, SCÈNE IV.

CAROLINE. Oh! je m'en empare!.. je lui donnerai l'hospitalité...

BLAIREAU, se récriant. Ah!.. pardon... pardon... mais nous avons l'habitude... ma femme et moi...

VALÉRIE, l'interrompant. Du tout!.. c'est très-bien comme ça!.. (A Caroline.) Quel bonheur de nous retrouver seules toutes deux... comme autrefois, lorsque j'étais simple demoiselle de caisse... ici même... chez ton père...

BLAIREAU. Le papa Durand.

CAROLINE. A cette place qui est aujourd'hui la mienne.

BLAIREAU. Et où je te connus... où je t'aimai... chère Louloute!..

VALÉRIE. Étions-nous bavardes?

CAROLINE. Et en faisions-nous de ces songes dorés!

VALÉRIE. Oh! toi, tu parlais toujours d'épouser un prince russe, ou un grand d'Espagne.

BLAIREAU, à part. C'est bien agréable pour Fouinard!

CAROLINE. Et toi donc!.. tu te voyais déjà la femme d'un colonel de lanciers... ou de houzards.

BLAIREAU. Hein?.. comment!.. un colonel!..

VALÉRIE, riant. Ah! ah! ah!.. c'est vrai!..

BLAIREAU. C'est bien agréable pour moi!..

VALÉRIE. Ne vas-tu pas être jaloux d'un rêve de jeune fille?..

BLAIREAU. Mais... il me semble qu'à ma place...

VALÉRIE, câlinant. Comme si on pouvait regretter un colonel de lanciers...

CAROLINE. Ou un prince russe...

VALÉRIE. Quand on a pour mari un drapier de la rue du Gros-Chenet...

CAROLINE. Ou un marchand de calicot de la rue du Sentier.

BLAIREAU, avec satisfaction. C'est vrai!.. c'est vrai!..

VALÉRIE, lui tapant sur la joue. Nigaud!

BLAIREAU, ravi, et lui prenant la taille. Est-elle gentille, ma femme!

VALÉRIE, avec modestie. Blaireau!..

SCÈNE III.

LES MÊMES, SYLVESTRE, entrant avec un paquet de marchandises.

SYLVESTRE. Le patron demande si monsieur Blaireau compte passer la nuit à jacasser avec ces dames.

VALÉRIE ET CAROLINE. Comment! jacasser!..

SYLVESTRE. C'est le mot du patron!

BLAIREAU. Et il a raison... je suis là à ne rien faire...

FOUINARD, en dehors. Blaireau!..

BLAIREAU, remontant. Ne t'impatiente pas, Fouinard, je suis à toi!

SYLVESTRE, déposant sa marchandise, et regardant Caroline, à part. Encore des importuns, des obstacles à ce que je m'ouvre!

BLAIREAU, ôtant son paletot, bas, à sa femme. Dis donc, Louloute, est-ce que ça te va à toi, les arrangements de la voisine? hein?..

VALÉRIE. Oh! pour quelques heures...

BLAIREAU. Louloute!.. ça sera la première fois depuis notre mariage...

VALÉRIE. Blaireau!.. vous êtes ridicule!..

BLAIREAU. Tu sais que mes pressentiments ne me trompent jamais, ça nous portera malheur! (Pendant ce qui précède Sylvestre a pris sa déclaration et il va la glisser dans la poche de Caroline qui lui tourne le dos, lorsque retentit au fond la voix de Fouinard qui crie de toutes ses forces : Blaireau!.. Tout le monde saute comme effrayé. Sylvestre remet vivement le papier dans sa poche.) Voilà!

CAROLINE. S'il est possible de crier comme ça!

ENSEMBLE.

Air :

Allons! et sans plus tarder,
Il faut $\begin{smallmatrix}\text{vous}\\\text{nous}\end{smallmatrix}$ mettre à l'ouvrage,
$\begin{smallmatrix}\text{Ayez}\\\text{Ayons}\end{smallmatrix}$ un peu de courage,
Entre amis il faut s'aider!

SYLVESTRE, à part.

Cette nuit, sans plus tarder,
Adressons-lui cet hommage,
Son sourire m'encourage,
Mon sort va se décider.

(Blaireau et Sylvestre sortent par le fond.)

SCÈNE IV.

CAROLINE, VALÉRIE.

CAROLINE, poussant un gros soupir. Ah! ma chère... maintenant que nous voilà seules... si j'osais parler politique!..

VALÉRIE. Eh bien?

CAROLINE. Comme je te dirais mon opinion sur messieurs nos époux!

VALÉRIE. Je suis sûre que c'est aussi la mienne!

CAROLINE. Un mardi-gras, nous faire passer la nuit à inscrire des pièces de percale et de calicot!..

VALÉRIE. A faire un inventaire... au lieu de sauter et de polker comme tant d'autres!..

CAROLINE. En voilà une idée bien digne d'un mari!

VALÉRIE. Si ce n'est pas dépitant! car enfin, ce petit bal auquel nous étions invitées chez ta cousine, c'est pour eux qu'il a fallu y renoncer...

CAROLINE. Pour ne pas interrompre un jour,

une heure, les affaires... le commerce de ces messieurs...

VALÉRIE. Et faire une économie de toilettes...
CAROLINE. Ah! peut-être bien!..
VALÉRIE. Tiens!.. ce sont deux monstres...
CAROLINE. Oh ça!..
VALÉRIE. A ce point de vue... car pour tout le reste...
CAROLINE. Oh! pour ce qui est du travail...
VALÉRIE. Et de l'affection...
CAROLINE. Et de la conduite...
VALÉRIE. Ce sont deux anges!..
CAROLINE. Ne pensant qu'à nous...
VALÉRIE. Ne bougeant jamais...
CAROLINE. Enfin, ils ont promis de nous dédommager à la mi-carême.
VALÉRIE. Oui, à la mi-carême... à Pâques... ou à la Trinité...
CAROLINE. C'est égal, sans toi j'aurais passé une jolie nuit!.. ayant pour toute distraction la voix harmonieuse de mon époux... et les soupirs langoureux de cet imbécile de Sylvestre.
VALÉRIE. A propos... est-ce qu'il continue?
CAROLINE. Plus que jamais... il me lance des regards à se déranger les yeux... si mon mari s'en apercevait... (*On entend jouer une redowa en dehors.*)
VALÉRIE. Chut!..
CAROLINE. Quoi donc!..
VALÉRIE. Tu n'entends pas?.. dans la maison à côté, cette musique...
CAROLINE, *prêtant l'oreille.* Une redowa.
VALÉRIE. Ah!.. ah!.. ça me donne des inquiétudes dans les jointures...
CAROLINE. Et à moi donc!
VALÉRIE. Ah! je n'y tiens plus!.. (*Elle se met à danser; bientôt Caroline fait comme elle, puis elles dansent ensemble. En ce moment la porte de la rue s'ouvre, et Scipion paraît; il s'arrête, les regarde un moment, puis il se met à applaudir, et se retire aussitôt.*)
CAROLINE ET VALÉRIE, *s'arrêtant effrayées.* Ciel!.
VALÉRIE. Il y avait quelqu'un là!
CAROLINE, *regardant au fond.* Ah!.. la porte de la rue qui est restée ouverte...
VALÉRIE. Et quelque farceur nous aura vues...
SCIPION, *en dehors.* C'est bien, allez sans moi... je vous rejoins tout à l'heure!..
CAROLINE. Cette voix... c'est celle de mon frère.
VALÉRIE. M. Scipion qui était à Alger!..
CAROLINE. Depuis quatre ans... et que nous attendions chaque jour... (*La porte s'ouvre, et Scipion entre.*) C'est lui!..

SCÈNE V.

LES MÊMES, *puis* FOUINARD, *et ensuite* BLAIREAU.

SCIPION. Caroline!.. ma chère Caroline!.. (*Il la presse dans ses bras et l'embrasse; en ce moment Fouinard entre par la droite, chargé d'une pile d'étoffes qu'il laisse tomber.*)
FOUINARD, *à part.* Que vois-je? on embrasse ma femme! (*S'avançant.*) Monsieur, de quel droit?..
CAROLINE, *à Scipion.* C'est mon mari!
FOUINARD. Oui, Monsieur... je suis le mari... de ma femme... et je trouve fort singulier... (*Caroline éclate de rire, Valérie en fait autant, puis Scipion.*) Mais, saperlotte!.. je ne vois pas là de quoi rire... et je vous somme...
CAROLINE. Scipion... mon frère...
FOUINARD. Ah! bah!..
SCIPION, *lui serrant la main.* Beau-frère, enchanté de faire votre connaissance!
FOUINARD. Parbleu!.. moi aussi... ce cher Scipion... Eh bien! je vous aurais reconnu.
VALÉRIE. Ah! oui... il y paraît!..
SCIPION, *regardant Valérie.* Eh! mais... je ne crois pas me tromper...
VALÉRIE. Une ancienne demoiselle de magasin.
SCIPION. De chez papa!..
CAROLINE. Valérie!..
FOUINARD. Aujourd'hui madame Blaireau.
SCIPION. Ah! bah!.. mariée... mariée aussi!.. Ah! bien, alors, je vous dois un baiser de noce, et, si vous voulez permettre...
VALÉRIE. Certainement! (*Scipion embrasse Valérie; en ce moment Blaireau entre par la droite, chargé d'une pile d'étoffes qu'il laisse tomber comme Blaireau.*)
BLAIREAU. Ma femme!.. on embrasse ma femme!
SCIPION, *allant lui serrer la main.* Monsieur, je vous fais mon compliment, elle est charmante!
BLAIREAU. Mais, Monsieur, je trouve fort inconvenant...
FOUINARD. Allons, calme-toi : Scipion, le frère de ma femme.
BLAIREAU. Vraiment!.. (*A Scipion.*) Eh bien!.. je vous aurais reconnu.
SCIPION. Bon! lui aussi!..
BLAIREAU. Il y a un air de famille... dans la taille...
SCIPION. Bonne petite sœur!.. quel plaisir de se revoir!..
CAROLINE. Dame... après quatre ans!..
SCIPION. Et il s'est passé tant de choses en mon absence... un mariage! deux mariages!..
FOUINARD. D'inclination!..
BLAIREAU. D'amour! Il n'y a que ceux-là de bon teint.
SCIPION. Possible!.. Je ne connais pas l'article! mais à en juger par la gaieté qui régnait ici tout à l'heure... (*Caroline le pousse.*)
FOUINARD, *qui a relevé ses étoffes.* Et de quand arrivé, beau-frère?
SCIPION. De tantôt... trois heures et demie...

chemin de fer de Lyon... Express train, comme disent les English.

CAROLINE. Et te voilà des nôtres pour quelque temps?..

SCIPION. Pour six mois... je viens faire des achats... des recouvrements pour notre maison d'Alger... et rétablir à Paris ma santé délabrée... Ah! ah! ah!

FOUINARD. Vous savez, beau-frère, que vous êtes ici chez vous.

SCIPION. Merci; mais les garçons et les gens mariés... ça ne se marie pas... Aussi j'ai déjà retenu un petit appartement, avec un petit mobilier... et une petite bonne... pour m'ouvrir la porte et me souhaiter le bonsoir... (*Chantant.*)

Allons, Babet, un peu de complaisance,
Un lait de poule et mon bonnet de nuit.

(*Riant.*) Ah! ah! ah! et allez donc!..

Air : *Après la bataille* (Fiorella).

Je vais, je l'espère,
Passer d'heureux jours,
Sur la belle terre
Des ris, des amours!
Quand leur voix m'appelle
Sous ton étendard
Je reviens fidèle,
O divin Musard!
Il faut rire (**Bis**.)
Et, profitant des courts instants,
Il faut rire
Et se dire
Tout ici-bas, tout n'a qu'un temps!
ENSEMBLE.
Il faut rire! etc. (*Bis*.)

FOUINARD. Allons, allons, à la besogne. (*Il va au comptoir à gauche.*)

CAROLINE. Je vois que tu n'es pas changé, mon cher Scipion!.. toujours gai, toujours bon vivant!

SCIPION. Toujours! à preuve que j'ai doublé les étapes, brûlé la route, comme on dit, pour arriver au bon moment et faire mon carnaval. Je serais même à Paris depuis hier sans une petite aventure...

CAROLINE. Quoi donc?.. conte-nous ça.

SCIPION. Une bêtise, une querelle que j'ai eue à Marseille, dans un café de la Canebière... avec un monsieur que je n'avais jamais vu, qui me bouscule, renverse ma demi-tasse, fait l'insolent et me jette sa carte avec son heure pour le lendemain.

CAROLINE. Ah! mon Dieu!

VALÉRIE. Un duel!

BLAIREAU. Que c'est imprudent!

SCIPION. Le lendemain j'arrive sur le terrain avec mes témoins et mes armes... personne. Nous attendons une heure... deux heures... rien!.... Cristi!.. je cours chez mon homme pour lui demander s'il se moque de moi... Il était parti dans la nuit, en poste, sans dire où il allait.

BLAIREAU. Ah! ah! ah! le poltron!

SCIPION. Si jamais je le rattrape...

CAROLINE. Mauvaise tête!.. (*En ce moment les commis rentrent, vont et viennent en travaillant.*) A propos, nous avons ici un commis qui te connaît, un ancien compagnon de plaisir, à ce que je crois.

SCIPION. C'est possible... j'en avais tant!

CAROLINE, *appelant au fond.* Monsieur Sylvestre!..

SCIPION. Sylvestre!.. un imbécile, à qui il arrivait toujours des accidents?..

SCÈNE VI.

LES MÊMES, SYLVESTRE, COMMIS.

SYLVESTRE, *arrivant du fond à droite précipitamment.* Elle m'appelle... ô bonheur!.. (*Il s'embarrasse dans les ballots et tombe.*)

SCIPION. C'est lui! je reconnais sa chance!

BLAIREAU. Il n'y a pas de mal... le nez seul a porté...

SYLVESTRE, *se relevant.* Scipion!.. ah!.. quelle surprise!..

SCIPION. Te voilà ici, toi? Il paraît que tu as encore changé de maison?

SYLVESTRE. Oui, mon ami, j'en ai fait plusieurs depuis ton départ.

SCIPION. Tu es donc toujours bête?

SYLVESTRE. Est-il drôle!.. il vous dit des choses!

SCIPION. Et fais-tu toujours la cour aux femmes de tes patrons?..

SYLVESTRE, *vexé.* Ah! par exemple... où diable as-tu été chercher?.. ah! par exemple!.. (*A part.*) Il avait bien besoin de dire cela devant elle...

FOUINARD. Allons, Sylvestre, aidez vite à préparer les colonnades, et, avec la permission du beau-frère, nous allons continuer notre inventaire.

SCIPION. Comment! comment, votre inventaire... vous faites votre inventaire un mardi-gras?.. Eh bien! et le carnaval?

FOUINARD. Ah! le carnaval.. c'est bon quand on est garçon... mais nous sommes mariés, cher ami...

BLAIREAU. Nous avons notre petite fortune à faire...

SCIPION. Il y a temps pour tout... et il me semble...

FOUINARD. Le travail... le commerce... un bon inventaire bien en ordre... et soldé par de bons bénéfices, voilà le carnaval des maris!

SCIPION, *du même ton.* Très-bien!.. parfait!.. (*Bas, aux femmes.*) Et ça vous va?

VALÉRIE. Dame!

CAROLINE. Il faut bien suivre le bon exemple!

SCIPION, *baissant la voix.* Ce qui n'empêche pas que tout à l'heure je vous ai surprises... (*Il indique un pas de danse.*)

CAROLINE ET VALÉRIE. Chut!..
SCIPION, bas. Compris!.. on suit le bon exemple... mais ça nous embête!..
FOUINARD. Allons, Sylvestre, allons, paresseux... qu'est-ce que vous regardez par là?
VALÉRIE, bas, à Caroline. Il se fera mettre à la porte, c'est sûr!
SCIPION. Diable!... moi qui voulais vous emmener souper.
FOUINARD, d'un ton affairé. Oh! impossible.
TOUS. Impossible!..
FOUINARD. Ce sera pour une autre fois.
SCIPION. Allons... puisque c'est comme ça... bien du plaisir... moi je vais rejoindre les amis qui m'attendent au café en face..., boire un bol de punch..., et à minuit... en route pour le Casino.
CAROLINE, bas, à Valérie. Est-il heureux!..

SCIPION.
Air précédent.
Adieu donc, beau-frère,
Oui, je cours au bal
Faire l'inventaire
De mon capital.
(*Il frappe sur sa poche.*)
Et si dans la caisse
J'ai du déficit,
En joyeuse ivresse
J'aurai du profit!
Il faut rire (*Bis.*)
Et, profitant des courts instants,
Il faut rire
Et se dire
Tout ici-bas, tout n'a qu'un temps!
REPRISE DE L'ENSEMBLE.
Il faut rire, etc. (*Bis.*)

(*Scipion embrasse sa sœur et sort par la porte du fond que Sylvestre referme après avoir donné une poignée de main à Scipion.*)

SCÈNE VII.

LES MÊMES, *moins* SCIPION.

BLAIREAU, *fredonnant.*
Il faut rire...
Il faut rire!..

FOUINARD, *prenant une pièce d'étoffe.* Il ne s'agit pas de rire... allons, allons, à la besogne!.. y es-tu, Caroline?.
CAROLINE, *qui a repris sa place au comptoir à gauche.* Oui, mon ami.
FOUINARD, *prenant une voix de circonstance et des plus monotones,* n° 3720, quarante-deux mètres calicot à trente-cinq centimes.
BLAIREAU, *à Valérie.* Louloute, va donc voir un peu quelles sont les pièces là-bas.
CAROLINE, *répétant ce qu'elle vient d'écrire.* A trente-cinq centimes... après?..

FOUINARD, *dictant.* N° 3721.
VALÉRIE, *bas, à Caroline.* Est-ce que ton mari prend toujours cette voix-là? c'est bien gai...
CAROLINE, *bas.* Ne m'en parle pas!... (*Bâillant.*) 3721.
FOUINARD. Ah! bien... si nous bâillons déjà...
CAROLINE. Ne fais pas attention... un peu de fatigue...
VALÉRIE. C'est assez naturel... quand on a travaillé toute la journée comme nous.
SYLVESTRE, *à Fouinard.* Monsieur, tout est mesuré, rangé par ordre.
FOUINARD. Tout? vous êtes sûr?
SYLVESTRE. Il n'y a plus qu'à porter les articles sur l'inventaire.
FOUINARD, *aux commis.* C'est bien, Messieurs... vous avez passé la nuit dernière... montez vous coucher, car il faut être levés demain de bonne heure et ne pas dormir au nez de la pratique.
SYLVESTRE, *s'avançant.* Moi je ne demande qu'à rester, à me rendre utile!.. (*Il regarde Caroline.*)
VALÉRIE, *qui l'observe, à part.* Fais de l'œil, mon bonhomme... est-il affreux comme ça!..
SYLVESTRE. Et, si Madame est fatiguée... je prendrai sa place.
FOUINARD. Pour dormir dans un quart d'heure, comme hier.
SYLVESTRE. Moi! j'ai dormi?..
FOUINARD. Le soir, vous n'êtes bon qu'à ça... et dans le jour à bayer aux corneilles.
SYLVESTRE, *à part, avec dépit.* Ah!.. il prend plaisir à m'humilier devant elle!..
FOUINARD, *dictant.* 3721, dix-huit mètres, à deux francs.
VALÉRIE, *à part.* Ah c'est soporifique!..
FOUINARD. Blaireau, si tu dictais à ta femme les cotonnades?..
BLAIREAU. Avec plaisir...
FOUINARD. Le cahier doit être là...
VALÉRIE, *au comptoir de droite.* Justement, je le tiens. (*Blaireau monte à l'échelle placée au fond pour atteindre aux cotonnades placées sur les rayons.*)
SYLVESTRE, *au milieu, à part.* Allons, je ne pourrai pas encore lui glisser ma déclaration ce soir!..des vers si bien tournés! (*Cherchant dans sa poche.*) Eh bien!.. où sont-ils donc?.. Les aurais-je égarés?.. (*Il cherche, regarde à terre et remonte avec les autres commis; ils sortent tous par le fond, les uns après les autres, pendant ce qui suit.*)
CAROLINE. Mon ami, j'y suis.
VALÉRIE. Blaireau, quand tu voudras.
FOUINARD, *dictant.* 3722... Quarante-cinq mètres, à un franc trente centimes.
BLAIREAU, *prenant, sans s'en apercevoir, le ton de Fouinard.* N° 1683. Cinquante et un mètres, cotonnade...

FOUINARD, *dictant*, N° 3723...
BLAIREAU, *dictant*. N° 1684...
VALÉRIE, *à part*. Ah! ce n'était pas assez d'un... voilà le duo!
CAROLINE, *à part*. C'est à vous donner des crampes d'estomac.
VALÉRIE, *à part*. Autant avaler une infusion de pavots. (*Elles s'appuient la tête sur leurs mains, d'un air à moitié endormi et tout en écrivant.*)
FOUINARD, *monté de l'autre côté de l'échelle où est Blaireau*. Sommes-nous heureux, mon cher Blaireau, d'avoir des petites femmes aussi dévouées, aussi raisonnables... et qui sacrifient aussi facilement leurs plaisirs à leurs devoirs.
BLAIREAU, *attendri*. Nous sommes trop heureux!..
FOUINARD. Des femmes qui partagent les peines, les travaux de leurs maris, et toujours le sourire sur les lèvres, la tendresse dans le regard...
BLAIREAU. Fouinard!.. tu vas me faire pleurer!
FOUINARD, *dictant*. N° 3723...
BLAIREAU, *de même*. N° 1684...
FOUINARD, *remarquant l'immobilité des femmes et descendant de l'échelle, ainsi que Blaireau*. Eh bien!.. Caroline?..
BLAIREAU. Valérie?.. Dieu me pardonne!.. elles se sont endormies!
FOUINARD. Profondément!..
BLAIREAU. Pendant que nous sommes là tout occupés d'elles...
FOUINARD. Comme c'est aimable!..

BLAIREAU.
Air: *Un homme pour faire un tableau.*
Dormir auprès de leurs époux!
C'est contraire à l'ordre des choses...
Et comme c'est flatteur pour nous!..

FOUINARD.
N'en murmurons pas, et pour causes...
Peut-être, d'un songe charmant
Goûtant les surprises nouvelles,
Rêvent-elles qu'en ce moment
Nous ne dormons pas auprès d'elles!..

(*Regardant dormir Caroline.*) Est-elle gentille... quand elle dort!
BLAIREAU, *regardant Valérie*. Quel amour de petite femme!
CAROLINE, *faisant un mouvement involontaire et se réveillant brusquement*. N° 3000.... Tiens... je dormais...
FOUINARD. Ah! nous dormons, Madame!..
VALÉRIE, *de même*. Moi aussi!..
BLAIREAU. Nous faisions notre petit dodo!..
FOUINARD. Pauvres femmes!.. Tenez, j'ai pitié de vous.
BLAIREAU. Tu as raison, ayons pitié d'elles... allons tous nous coucher.
FOUINARD. Quant à ça, non!.. Et mon inventaire?..

CAROLINE. Je t'assure que mon envie est passée.
VALÉRIE, *se frottant les yeux*. Oui... oui... nous voilà éveillées comme pinson.
FOUINARD. Nous allons rester ici, Blaireau et moi... comme deux braves!,. Vous, mes bonnes amies, allez dormir; demain, vous n'en serez que plus fraîches, plus jolies...
CAROLINE. Franchement, moi je tombe de sommeil.
VALÉRIE. Je ne pourrai jamais passer la nuit.
FOUINARD. Allons, embrassez-nous... (*A Blaireau, qui se promène très-agité.*) Eh bien?.. qu'as-tu donc?..
BLAIREAU. L'idée de quitter ma femme... J'ai tellement l'habitude...
VALÉRIE. Blaireau!... voulez-vous bien vous taire!

ENSEMBLE.
Air de *Gastibelza*.

BLAIREAU ET FOUINARD.
Adieu donc!
CAROLINE ET VALÉRIE.
A demain!
FOUINARD.
A demain, de bon matin.
Dormez bien...
BLAIREAU.
Soignez-vous!
TOUS LES DEUX.
Et pensez à vos époux.
LES FEMMES.
Nous allons entre nous
Parler de nos chers époux.

(*Elles sortent. La musique continue piano.*)

SCÈNE VIII.
FOUINARD, BLAIREAU.

BLAIREAU, *près de la porte*. Louloute!.. mets l'édredon sur tes pieds!... (*Soupirant.*) Ah! pauvre chérie! (*Allant se mettre au comptoir, à à gauche, pendant que Fouinard va écouter à la porte.*) Tiens, je vais prendre la place de ta femme... dicte!
FOUINARD, *écoutant*. Les voilà au premier... elles ferment les portes... (*Se frottant les mains, et se mettant à danser.*) Tra déri déra la la!
BLAIREAU, *le regardant avec surprise*. Hein? Comment, tu danses?
FOUINARD. Tradéri... déra...
BLAIREAU, *venant à lui*. Ah çà! es-tu fou?
FOUINARD. Jobardinos!.. crétinos!.. cornichonos!..
BLAIREAU. Pourquoi ce torrent d'injures... espagnoles?
FOUINARD. Comment, naïf drapier, tu as pris pour argent comptant ma voix de commerçant

vertueux, et ce ton d'oraison funèbre que tu t'es cru forcé d'imiter, et qui a si bien endormi son femmes !

BLAIREAU. Dame! dans les circonstances graves, le ton doit être grave... et j'avoue que... (*Fouinard le pousse par la tête.*) Fouinard !.. tu es malade, c'est évident !..

FOUINARD. Allons, tais-toi, et mets ton paletot.

BLAIREAU, *étonné.* Mon paletot ?... (*Voyant Fouinard qui met le sien.*) Tu vas sortir?

FOUINARD. Et je t'emmène.

FOUINARD. Moi !.. où ça?

FOUINARD, *se rapprochant de lui, et baissant la voix.* Blaireau! te souviens-tu d'avoir été garçon ?

BLAIREAU. Il n'y a pas si longtemps; trois ans à peine, comme toi!

FOUINARD. Te souviens-tu de ces nuits charmantes que nous passions à courir les aventures?

BLAIREAU. Chut! si ma femme,...

FOUINARD. Te rappelles-tu nos polkas échevelées, nos joyeux soupers, nos éclats de rire au bruit des chansons et du champagne pétillant dans les verres?

BLAIREAU, *regardant la porte avec effroi.* Fouinard... tu as juré ma perte !..

FOUINARD. Eh! non, imbécile !.. mais je veux goûter une fois encore avec toi ces plaisirs de la vie de garçon, dont deux ans de ménage et de pot-au-feu nous ont sevrés...

BLAIREAU. Est-il possible?..

FOUINARD. Pendant que nos commis ronflent, que nos femmes reposent tranquillement, je veux nous esquiver sans bruit et jusqu'au point du jour courir la ville, les bals, faire notre carnaval, enfin !

BLAIREAU. Tu aurais enfanté un pareil projet?

FOUINARD. Comprends-tu maintenant pourquoi j'ai refusé cette soirée où il aurait fallu traîner nos femmes; pourquoi j'ai tenu à faire mon inventaire aujourd'hui même, pourquoi j'ai éloigné mes commis, envoyé nos femmes... coucher?..

BLAIREAU. C'est monstrueux!

Air du *Premier Prix.*

Tromper nos femmes de la sorte !

FOUINARD.

Le mal est dans le bruit qu'on fait.

BLAIREAU.

C'est en vain que ta voix m'exhorte,
Je résiste et refuse net!

FOUINARD.

Quoi !.. d'un plaisir pris en silence,
Sot !.. tu refuses les appâts ?

BLAIREAU, *avec dignité.*

Mon cher, on a sa conscience...
(*Baissant la voix.*)
Et puis, vrai, je n'oserais pas !

FOUINARD. Voilà le grand mot, farceur, tu n'oses pas! mais j'oserai pour toi !.. (*Il lui met son chapeau sur la tête.*)

BLAIREAU. Fouinard... mon ami !..

FOUINARD. Tais-toi donc !.. j'ai le passe-partout, nous serons ici avant le jour, et en laissant brûler les lumières, rien ne nous trahira! (*Il force Blaireau à mettre son paletot.*)

SCÈNE IX.

LES MÊMES, SYLVESTRE, *paraissant au fond et cherchant encore à terre.*

SYLVESTRE, *à part.* Je ne retrouve pas ces satanés vers !.. pourvu que le patron... (*Il s'arrête.*) Tiens! qu'est-ce qu'ils font donc là? (*Il se glisse derrière une pile d'étoffes.*)

FOUINARD, *à Blaireau.* On croira que nous avons passé la nuit à notre inventaire... et voilà !..

BLAIREAU. Tu es un démon, Fouinard !.. tu m'entraînes !.. tu as sur moi l'ascendant du crime!

FOUINARD.

Air des *Couturières.*

Chut! chut! ne disons rien,
De la prudence
Et surtout du silence!
Chut! chut! ne disons rien...
Pour nous, mon cher, pour nous tout ira bien!

BLAIREAU.

Sur mon honneur, je ne me sens pas bien!

FOUINARD, *écoutant à la porte de droite.*

Silence complet!

BLAIREAU, *à lui-même.*

Ma pauvre Louloute !..

FOUINARD.

Allons, vite, en route...
Et lève ton collet.

BLAIREAU, *relevant le collet de son paletot.*

Ah! je fais vraiment
Un fameux brigand!

(*A Fouinard qui va ouvrir la porte de la rue.*)
Mais nous serons seuls au moins?

FOUINARD. Parbleu!

BLAIREAU. Et nous n'irons...

FOUINARD. Nous n'irons qu'à l'Opéra !..

BLAIREAU. A l'Opéra !.. sans Louloute !..

REPRISE ENSEMBLE.

Chut! chut! ne disons rien, etc.

(*Fouinard fait passer Blaireau devant lui malgré ses hésitations, puis il sort, puis on entend refermer doucement la porte pendant que Sylvestre sort de sa cachette.*)

SYLVESTRE. Ah! quelle chance !.. c'est ça qui va faire monter des actions... auprès de la patronne !.. Mais j'entends marcher, serait-ce elle ? (*Il se reglisse au fond, derrière des marchandises.*)

SCÈNE X.
CAROLINE, VALÉRIE, SYLVESTRE.

CAROLINE. Allons, ma chère, puisque notre envie de dormir est passée, il ne faut pas abandonner nos pauvres maris.

VALÉRIE. Oui, tu as raison, ce serait par trop d'égoïsme, pendant qu'ils s'éreintent à travailler.

CAROLINE, *regardant autour d'elle.* Eh bien!.. où sont-ils donc?.. (*Sylvestre se montre, il a un air radieux.*) Ah! monsieur Sylvestre! je vous croyais remonté?..

VALÉRIE. Où sont ces messieurs?

SYLVESTRE. Messieurs vos maris? (*D'un petit ton dégagé.*) Ils sont sortis pour le quart d'heure!..

TOUTES DEUX. Sortis!..

SYLVESTRE. Ils sont allés faire un tour au bal de l'Opéra!

VALÉRIE. Au bal de l'Opéra!..

CAROLINE. Ah! ce n'est pas possible. (*Remontant vivement au fond.*) Gustave! monsieur Fouinard!

VALÉRIE, *qui cherchait autour d'elle.* Blaireau!.. mais où est donc Blaireau?.. Je ne vois plus ni son paletot ni son chapeau.

SYLVESTRE, *à part.* Dieu! si j'avais mes vers... comme l'instant serait favorable!..

VALÉRIE, *à Caroline.* Sortis! ah! les monstres!..

CAROLINE, *bas.* Tais-toi!..

VALÉRIE, *étonnée.* Comment?.. tu veux?..

CAROLINE. Tais-toi, te dis-je!.. (*A Sylvestre qui la regarde en souriant.*) Vous pouvez remonter dans votre chambre, monsieur Sylvestre, nous n'avons pas besoin de vous.

SYLVESTRE, *surpris.* Plaît-il?..

CAROLINE, *se contenant.* Vous avez un air étonné!.. De quoi? de ce que ces messieurs sont sortis?.. de ce qu'ils sont allés au bal? Il y a assez longtemps qu'ils devaient prendre ce petit plaisir... et que nous-mêmes, nous les y engagions...

SYLVESTRE. Ah!.. bah!.. mais alors...

CAROLINE. Quoi?..

SYLVESTRE, *interdit.* Rien!.. c'est que...

CAROLINE. C'est que... quoi?..

SYLVESTRE. Rien, Madame,... rien...

CAROLINE. Remontez!

SYLVESTRE. Oui, Madame... oui...

CAROLINE. Nous éteindrons nous-mêmes.

SYLVESTRE, *à part.* Ah ben! ah ben! quelle tuile!..

VALÉRIE. Mais allez donc!.. quand on vous dit de sortir!..

SYLVESTRE, *à part.* Quel coup d'assommoir!.. (*Il sort par la droite.*)

CAROLINE, *éclatant dès qu'il est parti.* Ah! quelle horreur! quelle infamie!..

VALÉRIE. Blaireau... qui ne pouvait pas me quitter!..

CAROLINE. Et cet inventaire... si pressé!..

VALÉRIE. Voilà pourquoi ils nous envoyaient coucher!..

CAROLINE. Ils nous sevraient de plaisir pour s'en donner en cachette!.. oh! quels tartuffes!..

VALÉRIE. Canailles d'hommes!..

ENSEMBLE.
Air du Barbier.

Ah! c'est infâme (*Bis.*)
S'amuser sans moi, sans sa femme!
Ah! c'est infâme!
Ce trait-là
Vraiment me tuera!

CAROLINE.
De leurs vertus ils faisaient étalage.

VALÉRIE.
Puis en secret ils vont se goberger!
Blaireau!..

CAROLINE.
Fouinard!.. ah! j'en pleure de rage!..

VALÉRIE.
Que j'aimerais à pouvoir me venger!
(*On entend frapper à la porte de la rue.*)

CAROLINE, *parlé.* Ce sont eux peut-être!..

VALÉRIE. Dieu!.. s'ils avaient eu des remords!

SCIPION, *en dehors.* Bonne nuit... beau-frère!..

CAROLINE. Scipion!..

SCIPION. Amusez-vous bien... à votre inventaire!.. moi, je cours au bal! (*Chantant en s'éloignant.*)

Il faut rire (*Bis.*)
Pour égayer les courts instants...
Il faut rire...

(*La voix se perd dans le lointain; les deux femmes se sont laissées retomber sur leurs chaises en pleurant.*)

REPRISE DE L'ENSEMBLE.

Ah! c'est infâme! (*Bis.*)
S'amuser sans moi, sans sa femme, etc., etc.

FIN DU PREMIER ACTE.

ACTE DEUXIÈME.

Un carrefour dans le quartier de l'Opéra ; à droite et faisant face au public, une jolie maison, avec porte bâtarde et un balcon au premier étage ; au premier plan, la boutique d'un marchand de comestibles ; au deuxième plan, à gauche, un magasin de costumes ; au lever du rideau la rue se trouve éclairée par le gaz et les lumières des boutiques. Demi-rampe.

SCÈNE PREMIÈRE.

GORENFLOT, UN MARCHAND DE BILLETS, UNE BOUQUETIÈRE, MASQUES, puis FIFINE.

(Il est minuit. Des groupes de masques se croisent, on entre chez le costumier et chez le marchand de comestibles. Gorenflot, déguisé en arlequin, fume sa pipe et cire ses souliers à la porte de la maison, qui fait face au public.)

PREMIER GROUPE DE MASQUES. Oh! eh! houp! (Chantant.)
    Bacchanal (Bis.)
    C'est le refrain du carnaval, etc.
    (Ils s'éloignent.)
DEUXIÈME GROUPE, chantant.
    Drinn!.. drinn! drinn!.. drinn!.. etc.
Oh! eh! les titis!.. les pierrots!.. les débardeurs!.. oh eh!.. (Il s'éloigne.)

LA BOUQUETIÈRE. Fleurissez vos dames!.. la belle violette!..

LE MARCHAND DE BILLETS. Billets d'Opéra... billets de bal!.. moins cher qu'au bureau!..

GORENFLOT, chantant et cirant ses souliers.
    Petits oiseaux, venez sur ma fenêtre...

(S'interrompant.) Sapristi!.. mes *escarpins* ne veulent pas reluire!.. est-ce assez sciant d'être concierge! , v'là tout le monde qui va déjà au bal,.. et moi faut que j'attende que mes rats de locataires soient couchés!.. c'est égal... je suis content de mon costume!.. quand mam'selle Fifine me verra ficelé comme ça, elle sera trop heureuse d'accepter mon bras pour aller *soticher* ensemble! tiens, la v'là qui sort de chez le costumier...

FIFINE, entrant, un paquet à la main. Trois francs une cauchoise!.. c'est salé... mais l'anse du panier n'a pas été inventée pour les Cosaques... et j'ai attrapé aujourd'hui une chouette condition... bonne de confiance chez un jeune homme seul... en voilà des places pour faire son beurre et avoir du bon temps... allons vite m'habiller.

GORENFLOT, se posant devant elle comme arlequin. C'est moi, belle Fifine!

FIFINE. Comment vous, monsieur Gorenflot, en arlequin! ah! ah! que vous êtes cocasse!

GORENFLOT. Costume chiqué!..

FIFINE. Quelle idée avez-vous eue de vous déguiser?

GORENFLOT. Mais dame!.. l'idée de faire mon carnaval, comme vous, comme tout le monde, et de rigoler un brin... en garçon...

FIFINE. Sournois que vous êtes!.. voilà pourquoi vous avez envoyé votre femme chez sa tante, à Lonjumeau.

GORENFLOT. Azéma est si jalouse!

FIFINE. Et de plus, elle a la main leste, pas vrai?.. et si elle venait à savoir...

GORENFLOT. Oh! c'est pas vous, mam'selle Fifine, qui voudriez me trahir... pas plus que je voudrais dire à votre nouveau bourgeois...

FIFINE. Bah! un garçon!.. c'est pas bien rigide!.. celui-là surtout, je l'ai déjà servi il y a quatre ans. D'ailleurs il est revenu à Paris tout exprès pour le carnaval, et il passera toute la nuit au bal... mais vous, qui gardera vot' loge?

GORENFLOT. Ma loge!.. qu'est-ce que j'y ferais dans ma loge? Vot' bourgeois passe la nuit dehors... tous les autres locataires sont des vieilles ganaches qui ne tarderont pas à s'endormir... et puis d'ailleurs il y aura mon chien...

FIFINE. Pour tirer le cordon!

GORENFLOT. Eh! allez donc... tenez, mam'selle Fifine, il me pousse une inspiration!.. si je vous offrais d'être ma Colombine?

FIFINE. Votre Colombine?..

GORENFLOT. Une entrée au bal du Sauvage, ou à celui de l'Entonnoir, des rafraîchissements *ad libitum*, et sur le coup de quatre heures, une tête de veau à l'huile, ça vous va-t-il?

FIFINE. As-tu fini, méchant!

GORENFLOT. En tout bien, tout honneur, mademoiselle Fifine!

FIFINE, avec indignation. Un homme marié... me proposer le bal du Sauvage... quelle infamie!.. (Changeant de ton.) Ah! si c'était le bal de l'*Ambègu*...

GORENFLOT. Eh bien! va pour l'Ambègu... je me jette dans les dépenses folles!..

FIFINE. Non... non... ça ferait jaser.... d'ailleurs, j'ai promis à des cuisinières, des femmes de chambre de mes amies d'être de leur société.

GORENFLOT. Oh! jolie bonne!..

FIFINE. Voulez-vous vous taire!... homme marié!.. et puis ça se plaindra... pour des bêtises, qu'on leur fera une fois par hasard!.. bonsoir. (Elle va pour rentrer.)

GORENFLOT, la retenant. Écoutez-moi donc, mam'selle Fifine!..

SCÈNE II.

Les mêmes, SCIPION.

SCIPION, *qui est entré pendant ces derniers mots par le fond, et se dirigeait vers la maison du deuxième plan, se retournant.* Fifine!..
FIFINE. Mon bourgeois!
GORENFLOT. Not' nouveau locataire!
SCIPION. Ma camériste à pareille heure... dans la rue... et le portier en arlequin!.. je devine!..
FIFINE. Monsieur a sans doute oublié quelque chose, que Monsieur vient chercher?
SCIPION. Oui... j'ai oublié de te dire de faire du feu.
FIFINE. Pour demain matin?..
SCIPION. Non... pour tout de suite.
FIFINE, *effrayée.* Monsieur a dit?..
SCIPION. Je veux du feu... tout de suite... voyons, est-ce clair?..
FIFINE. J'avais bien entendu...
SCIPION. Eh bien! alors...
FIFINE. Mais je ne pouvais pas le croire... du feu!.. Monsieur est donc indisposé?..
GORENFLOT. Monsieur ne va donc pas au bal?
SCIPION, *impatient.* Mais si... peut-être... je n'en sais rien... en attendant il faut préparer le couvert!
FIFINE. Hein?.. le couvert!..
SCIPION. J'aurai du monde à souper.
GORENFLOT, *à part, vexé.* Ah!.. bien!
FIFINE, *désolée.* Je vois ce que c'est... Monsieur aura déjà fait quelque connaissance.
SCIPION. Ah çà, est-ce que j'ai des comptes à te rendre?..
FIFINE, *embarassée.* Non, Monsieur, mais c'est que...
SCIPION. Que... quoi?.. ça contrarie les projets de Mademoiselle et de Monsieur?
FIFINE, *d'un air hypocrite.* Oh! non, Monsieur... on est domestique...
GORENFLOT, *de même.* Et concierge...
FIFINE, *de même.* C'est pour faire ce qui plaît aux maîtres...
GORENFLOT, *de même.* Et aux locataires.
SCIPION. C'est bien... c'est bien... pas tant de raisons... monte, j'ai des ordres à te donner... et à vous aussi, monsieur le concierge.
FIFINE, *à part.* Mon pauvre carnaval!..
GORENFLOT, *à part.* Crrré nom!.. je rage-t'y!

ENSEMBLE.

Air de *Gustave.*

FIFINE, *à part.*
Adieu tous nos projets!
Faut-y avoir d' la chance!
Plus d' plaisir, plus de danse,
J'en serai pour mes frais!

GORENFLOT, *à part.*
Adieu tous nos projets!
C'est-il un' gueus' de chance!
Avec elle, d'avance,
Au bal je me voyais!
SCIPION, *à part.*
Pour servir mes projets
Tout s'apprête en silence.
Ah! quel plaisir, d'avance,
Ici je me promets!

(*Fifine et Scipion entrent dans la maison.*)

GORENFLOT, *seul.* Eh!... mais... au fait, la nuit est longue... une fois en train de souper, M. Scipion n'aura plus besoin de sa bonne... Fifine sera libre, et comme d'ici là ses amies auront filé, elle n'aura plus que moi à choisir... ça me botte... allons revêtir mes *escarpins.* (*Il rentre dans la maison. Des masques traversent de nouveau la scène, poursuivis par la bouquetière et le marchand de billets.*)

LA BOUQUETIÈRE. Fleurissez vos dames, Messieurs, soyez galants pour deux sous!..
LE MARCHAND DE BILLETS. Billets de bal... billets d'Opéra!.. (*Les groupes s'éloignent. Musique à l'orchestre.*)

SCÈNE III.

Deux Dominos noirs, puis BLAIREAU ET FOUINARD.

(*Les deux dominos arrivent par le fond, à gauche, en se donnant le bras; ils s'arrêtent au milieu du théâtre, échangent quelques mots à voix basse, regardant en arrière, puis sortent vivement par le premier plan à droite. Aussitôt, par le fond, à gauche, on voit entrer Blaireau, qui fait signe à Fouinard de le suivre. Ils s'élancent tous les deux sur les traces des deux dominos, qui rentrent par le fond, à droite, et se réfugient dans le magasin de costumes.*)

SCÈNE IV.

BLAIREAU, FOUINARD.

BLAIREAU, *reparaissant.* Arrive donc, lambin, je les ai rattrapées... Elles sont là!
FOUINARD. Où? dans ce magasin de costumes?
BLAIREAU. Elles viennent d'y pénétrer.
FOUINARD, *regardant.* C'est vrai... les voilà... elles choisissent des gants.
BLAIREAU, *déterminé.* Fouinard! pénétrons-nous?
FOUINARD, *le retenant.* Blaireau... voyons donc, sapristi!.. calme-toi un peu!.. n'as-tu pas peur de les perdre?

BLAIREAU. Mais dame, peu s'en est fallu déjà que nous ne les perdissions... et par ta faute... Tu marches comme une tortue sexagénaire.

FOUINARD. Ah! parbleu!.. je n'ai pas envie de me désosser la rate.

BLAIREAU. Écoute donc, mon cher, quand on suit des femmes, il faut régler son pas sur le leur... et celles-là marchaient si lestement, trottinant, sautillant...

FOUINARD. Nous faisant aller, quoi!.. comme toutes les femmes qu'on suit!

BLAIREAU. C'est possible, mais je les trouve adorables!

FOUINARD, *riant*. Ah! ah! ah!

BLAIREAU. Eh bien! quoi! elles ne sont pas de ton goût, peut-être?

FOUINARD. Mais si, au contraire; je serais ravi de faire leur connaissance... mais c'est toi qui me fait rire... Toi qui étais à moitié mort rien qu'à l'idée de quitter ton épouse; toi qu'il a fallu entraîner de force, et qui, maintenant, as l'air d'un cheval échappé.

BLAIREAU. Eh bien!.. oui... Que veux-tu? l'aspect de ce passage de l'Opéra, bourré de femmes séduisantes, attendant le bal comme nous, ce bal dont les souvenirs d'autrefois bouillonnent dans ma tête!.. Et puis, ces deux petits dominos qui nous heurtent dans la foule... des tailles andalouses... j'ai ressenti un choc... électrique!

FOUINARD. Et crac! te voilà parti à toute vapeur, m'entraînant à ton tour sur les traces de nos futures conquêtes!.. Toi, Blaireau... le sage, le moral Blaireau.

Air: *Adieu, je vous fuis, bois charmant.*

Fiez-vous donc à l'eau qui dort!..
C'est à ne pas te reconnaître!
L'ancien roué faisait le mort;
L'occasion l'a fait renaître!

BLAIREAU.

Ainsi, souvent, l'on croit avoir
Éteint sa lumière... Folie!
En soulevant votre éteignoir,
Vous produisez un incendie!

Oui, mon cher, oui, j'ai rompu la glace! Tu m'as promis une nuit d'agrément... je veux ma nuit... et son agrément!.. complet!.. ou je ne paye pas... voilà!.. Entrons, Fouinard, entrons. Allons aussi acheter des Jouvin... ce sera un prétexte pour entamer la conversation.

FOUINARD. Chut!.. les voilà qui sortent... attention!

SCÈNE V.

LES MÊMES, LES DEUX DOMINOS, LA BOUQUETIÈRE, *puis* LE MARCHAND DE BILLETS, *puis enfin* SCIPION ET GORENFLOT.

(*Musique à l'orchestre. Les deux dominos sortent de chez le costumier et ont l'air de se consulter un moment à voix basse.*)

BLAIREAU, *bas, à Fouinard*. A l'abordage!.. Fouinard, à l'abordage!..

FOUINARD, *bas*. Un moment donc!.. On dirait qu'elles se consultent.

BLAIREAU, *bas*. Parbleu! je suis sûr qu'elles nous ont reconnus pour les deux jolis garçons qui les suivaient. Allons, mon cher, un peu d'audace!..

FOUINARD, *bas*. Et beaucoup d'esprit...

BLAIREAU, *bas*. Si c'est possible! (*Ils font un mouvement pour se rapprocher des dominos.*)

BLAIREAU ET FOUINARD. Mesdames... (*Les dominos s'enfuient par le premier plan, à droite.*)

FOUINARD. Bon!.. envolées!..

BLAIREAU. Effarouchées!.. (*Il va pour courir après les dominos. Le marchand de billets lui barre le passage.*)

LE MARCHAND DE BILLETS, *à Blaireau*. Billets d'Opéra... billets de bal...

BLAIREAU, *le bousculant*. Eh! non, eh! non... Laissez-nous donc tranquilles! (*Il sort vivement par la droite.*)

FOUINARD, *le suivant*. C'est un torrent que ce Blaireau! (*Il se rencontre avec le marchand de billets, qui lui offre des places, le repousse et sort.*)

LA BOUQUETIÈRE. Fleurissez-vous, Mesdames!.. voyez, Messieurs!

LE MARCHAND DE BILLETS. Billets de bal!.. (*Ils sortent.*)

SCIPION, *sortant de la maison, et au portier*. Ainsi, vous m'avez bien compris?.. Vous n'oublierez aucune de mes recommandations?

GORENFLOT. Non, Monsieur, soyez tranquille. (*Il rentre et referme la porte.*)

SCIPION, *seul*. Allons, tout est prêt... le concierge et Fifine sont prévenus... il s'agit maintenant d'aller chercher mon complice. (*Il sort par le fond, à gauche; les deux dominos reviennent par le fond, à droite, poursuivis par Blaireau et Fouinard, qui s'avancent brusquement, l'un à gauche, l'autre à droite, de sorte que les dominos sont placés entre eux. La musique cesse.*)

SCÈNE VI.

BLAIREAU, FOUINARD, LES DEUX DOMINOS.

BLAIREAU, *gentiment*. Ah! pardon... la retraite est coupée!..

FOUINARD, *de même*. Vous êtes pincées au demi-cercle... mais soyez sans crainte...

BLAIREAU. On ne vous veut pas de mal.

FOUINARD. Au contraire!..

Air: *Un soir dans la forêt voisine.*

De grâce, un seul instant, Mesdames,
Et sans trembler écoutez-nous.

BLAIREAU.
Gens délicats avec les femmes,
Voleurs de cœurs, mais pas filous!
Nous n'abuserons pas de vous!
FOUINARD.
D'un moment d'entretien honnête
Nous octroyez-vous la faveur?
BLAIREAU.
Acceptez-vous notre bras protecteur
Jusqu'au seuil de votre retraite?
Eh bien?
FOUINARD.
Eh bien?..
ENSEMBLE.
Quoi! vous ne dites rien!
Vraiment!.. vraiment!.. Elles ne disent rien!
Charmant!.. (Bis.)
Qui ne dit mot consent.

FOUINARD. J'espère que vous nous avez fait assez trotter, méchantes.
BLAIREAU. Petites méchantes! (Il veut leur prendre la taille et reçoit un coup d'éventail sur les doigts.) Aïe!
FOUINARD. Mais cette fois nous vous tenons. (Même jeu.) Oh!
BLAIREAU. Oui... oui... vous aurez beau faire, nous ne vous quittons plus d'un centimètre.
FOUINARD. Nous nous attachons à vous!..
BLAIREAU. Et comme le *lièvre*... je meurs où je m'attache...
FOUINARD. Vous êtes seules? vous allez au bal? Hein?..
BLAIREAU. Pas de réponse!.. nous avons peur de nous compromettre?..
FOUINARD. C'est tout naturel, ces dames ne nous connaissent pas... mais ça viendra, nous nous humaniserons.
BLAIREAU. Voyons, avouez qu'au passage de l'Opéra vous avez remarqué que nous vous remarquions. (Les dominos font signe que oui.) Parbleu! j'en étais sûr!
FOUINARD. Vous attendiez vos amoureux, peut-être?..
BLAIREAU. Les heureux mortels! (Signe négatif.)
FOUINARD. Non?.. qui donc?.. vos maris?.. (Signe affirmatif.)
BLAIREAU. Ah! bah! vous êtes mariées!.. (A Fouinard.) Des femmes mariées!.. C'est charmant...
FOUINARD. Et ces messieurs vous ont fait faux-bond!
BLAIREAU. Parbleu! des maris!.. ça ne m'étonne pas!.. Ils auront fait quelque nouvelle conquête. (Signe de colère.) Hein? quoi? vous dites?..
FOUINARD. Tu ne comprends pas, que ces dames sont furieuses de se voir délaissées, trahies...
BLAIREAU. Cré nom d'un petit bonhomme!.. il y a de quoi; et si j'étais à leur place...

FOUINARD. Ah! à leur place... je me vengerais.
BLAIREAU. Et tout de suite!..
FOUINARD. D'abord vous avez la vengeance sous la main.
BLAIREAU, *à part*. Oh! que c'est adroit!
FOUINARD. Une vengeance d'autant plus agréable qu'elle n'a rien de compromettant pour vous... car, s'il faut vous l'avouer, nous aussi nous avons besoin de discrétion...
BLAIREAU. D'énormément de discrétion...
FOUINARD. Nous sommes mariés!
BLAIREAU. Tout ce qu'il y a de plus mariés!.. (*Les deux femmes se mettent à rire; Blaireau et Fouinard en font autant.*) Ah! ah! c'est amusant, n'est-ce pas?
FOUINARD. Ah! oui, c'est amusant!... des maris gais, aimables comme nous.
BLAIREAU. Et farceurs!..
FOUINARD. Vous verrez, nous passerons une nuit charmante!.. qu'est-ce que nous demandons! de souper tête à tête...
BLAIREAU. Avec de jolies femmes.
FOUINARD. D'aller au bal...
BLAIREAU. Ensuite...
FOUINARD. Ensuite... voilà tout.
BLAIREAU. Voilà tout!.. parole sacrée!.. (*A part.*) Quels roués nous faisons!

FOUINARD.

Air précédent.

Acceptez-vous cette offre aimable?
BLAIREAU.
Un souper fin... perdreau... homard!
FOUINARD.
Près d'un bon feu, gaîment, à table,
Et loin de tout jaloux regard,
Sablons le champagne égrillard!
BLAIREAU.
Puis, à l'Opéra, d'une loge
Vous offrant le discret réduit,
Tous quatre au bal nous finirons la nuit,
Sans qu'à la morale on déroge.
Eh bien?
FOUINARD.
Eh bien?..
ENSEMBLE.
Quoi? vous ne dites rien, etc.

(*Sur la ritournelle, les deux dominos remontent vivement et frappent à la porte cochère.*)

FOUINARD, *les suivant.* C'est là que vous demeurez?..
BLAIREAU. Au second?.. au troisième?..
FOUINARD. Au premier? (*Signe affirmatif.*) A merveille!.. dans un instant, nous venons mettre à vos pieds, nos cœurs...
BLAIREAU. Et nos comestibles! (*La porte s'ouvre; les dominos entrent et referment la porte.*)

SCÈNE VII.

BLAIREAU, FOUINARD, puis LE MARCHAND DE BILLETS et LE MARCHAND DE COMESTIBLES.

BLAIREAU, *au comble de la joie.* Ah! sapristi!.. saprelotte... je suis content d'être venu...
FOUINARD. Hein!.. quand je te disais que nous ferions un délicieux carnaval!
BLAIREAU. Mon cher, j'ai un pressentiment... ce sont des femmes ravissantes!..
FOUINARD. Parbleu! j'en suis sûr... j'ai remarqué des mains... des pieds...
BLAIREAU. Et puis c'est cette grâce... cette désinvolture...
FOUINARD. Tu comprends qu'une fois à table... à bas les masques!..
BLAIREAU, *transporté.* Ah! Fouinard! mon ami! (*Avec tristesse.*) Ça me fâche pour Louloute. (*Gaiement.*) Mais bah!.. une fois n'est pas coutume... et dès demain...
FOUINARD. Vite! occupons-nous du souper...
BLAIREAU. Et de la loge.
LE MARCHAND DE BILLETS, *revenant.* Billets de bal... billets d'Opéra!..
FOUINARD. Voilà notre affaire!.. pst?..
BLAIREAU. Moi, j'entre chez le marchand de comestibles. (*Il entre dans la boutique.*)
FOUINARD, *au marchand de billets.* Avez-vous une loge?..
LE MARCHAND. Oui, Monsieur, la dernière, loge à salon, loge d'amoureux, ça doit faire l'affaire de Monsieur.
FOUINARD. Il ne s'agit pas de ça!
LE MARCHAND. Pardon!.. je croyais... je vous avais vu causer tout à l'heure avec deux petites fées...
FOUINARD, *à part, vexé.* Ce que c'est!.. s'il y avait eu du monde de connaissance par là... (*Haut.*) Voyons, combien votre loge?..
LE MARCHAND. Pour vous, Monsieur, quatre-vingt-dix francs.
FOUINARD. Quatre-vingt-dix francs!.. mais c'est affreusement cher...
BLAIREAU, *reparaissant.* Fouinard, les homards sont hors de prix!
FOUINARD. Diable! c'est comme les loges.
BLAIREAU. Vingt francs les gros!
FOUINARD. Alors prends-en un petit. (*Blaireau rentre dans la boutique, au même moment un monsieur en sort avec un homard sous le bras.*)
FOUINARD, *à lui-même.* Il faut pourtant aller au bal!.. quatre-vingt-dix francs! enfin, ce n'est pas tous les jours fête!.. eh!.. l'homme!.. je prends votre loge. (*Il fouille à sa poche.*)
BLAIREAU, *reparaissant.* Fouinard... il n'y a plus de gros... et les petits sont en hausse! trente francs un petit...
FOUINARD. Alors tu aurais dû en prendre un gros!.. Prends-le vite!.. les petits n'auraient qu'à hausser encore! (*Blaireau rentre.*) Ah! diable!.. ah! sac à papier!.. j'ai oublié de l'argent... (*Au marchand.*) Attendez un moment... je vais vous donner ça!..
BLAIREAU, *sortant.* Préparez la facture... je vais vous payer.
FOUINARD. Blaireau?
BLAIREAU. Fouinard?

ENSEMBLE.
{ FOUINARD.
Quatre-vingt-dix francs?
BLAIREAU.
Soixante francs? }

FOUINARD. Hein?
BLAIREAU. Tu dis?..
FOUINARD. Je te demande quatre-vingt-dix francs.
BLAIREAU. Je t'en demande soixante.
FOUINARD. Tu n'as donc pas d'argent?
BLAIREAU. J'ai neuf francs!
FOUINARD. Comment, neuf francs?
BLAIREAU. Mais dame... j'ai pensé que pour aller faire un inventaire...
FOUINARD. Et moi qui ai oublié ma bourse... nous voilà gentils garçons!..
BLAIREAU. Et ce souper...
FOUINARD. Cette loge!.. ces femmes qui nous attendent.
BLAIREAU. Une si belle occasion perdue!
FOUINARD. Dis donc Blaireau... si nous allions nous coucher...
BLAIREAU. Ah! tu me dis ça maintenant...
LE MARCHAND DE COMESTIBLES, *sortant de chez lui.* Monsieur, voilà votre note...
LE MARCHAND DE BILLETS. Ah çà, dites donc, bourgeois, avez-vous bientôt fini de vous décider?
FOUINARD. Eh bien!.. oui!.. je me décide... je ne prends pas la loge.
LE MARCHAND DE BILLETS. Comment! comment... vous ne prenez pas?
BLAIREAU. Je décommande les comestibles.
LE MARCHAND DE COMESTIBLES. Mais, Monsieur, on ne vient pas dans une boutique faire des achats...
FOUINARD. Nous avons changé d'avis.
LE MARCHAND DE BILLETS, *menaçant.* Vous allez me payer ma loge tout de suite...
LE MARCHAND DE COMESTIBLES. Et ma marchandise.
LE MARCHAND DE BILLETS. Ou je vous assieds dans le ruisseau.
LE MARCHAND DE COMESTIBLES. Et moi de même...
FOUINARD. Dans le ruisseau!.. allons bon!.. une querelle... des avanies...
BLAIREAU. Ils vont attirer du monde.
LE MARCHAND DE BILLETS. Eh bien! pour quand est-ce?..
FOUINARD. Voyons, Messieurs, pas de bruit...

de scandale, entendons-nous... nous n'avons pas d'argent.

BLAIREAU. Nous avons oublié notre bourse, voilà.

LE MARCHAND DE BILLETS. Eh bien... *(Touchant la chaîne de montre de Fouinard.)* Et c'te chaîne-là?

FOUINARD. Ma chaîne !

LE MARCHAND DE COMESTIBLES, *touchant celle de Blaireau.* Et celle-ci ?..

LE MARCHAND DE BILLETS. Il doit y avoir des montres après... et, si elles sont en or...

FOUINARD. Je crois bien !.. une bréguet superbe...

BLAIREAU. Huit trous en rubis...

LE MARCHAND DE BILLETS. Eh bien !.. confiez-nous-les... en garantie... demain on vous les rendra...

BLAIREAU. Sapristi !.. donner ma montre.

FOUINARD. C'est très-ennuyeux !..

BLAIREAU. Enfin !.. pour éviter une scène.

LES MARCHANDS. Allons, voyons, Messieurs!..

BLAIREAU, *au marchand de comestibles.* Allons, rentrons chez vous, je vais arranger ça. *(Ils rentrent.)*

LE MARCHAND DE BILLETS, *à Fouinard.* Donnez-moi votre adresse.

FOUINARD. Mon adresse! ah! non, bigre! j'aime mieux prendre la vôtre... où demeurez-vous?..

LE MARCHAND DE BILLETS. Chaussée de Clignancourt... la dernière maison... avant d'arriver aux carrières.

FOUINARD, *à part.* Quelle trotte !..

LE MARCHAND DE BILLETS. Chez le marchand de vin, vous demanderez, Fanfan dit l'Amour.

FOUINARD. Et à quelle heure serais-je sûr de vous trouver ?..

LE MARCHAND DE BILLETS. De trois à cinq heures du matin !

FOUINARD. Du matin !.. ah !.. mais...

LE MARCHAND DE BILLETS, *s'éloignant.* Billets de bal... billets d'Opéra !..

FOUINARD, *appelant.* Dites donc, hé !.. l'homme !.. *(Revenant.)* J'ai peur que ma montre ne soit bien aventurée.

BLAIREAU, *chargé de comestibles.* Victoire! voici les provisions!.. Et de plus, le marchand m'a prêté vingt francs pour les dépenses imprévues.

FOUINARD, *avec humeur.* Avec tout ça nos montres sont en otages.

BLAIREAU. Bah! tu voulais changer la tienne... Eh bien !.. la voilà changée... contre une loge !..

FOUINARD. Au fait, tu as raison !.. C'est aujourd'hui mardi-gras, amusons-nous sans regarder à la dépense.

BLAIREAU. Eh ! oui !.. demain c'est le carême !.. demain nous ferons des économies.

FOUINARD. Demain nous ferons maigre.

BLAIREAU. Et nos femmes aussi!..

FOUINARD.
Air : *Amis, voici la riante semaine.*
Pour une nuit, tous deux, brisons nos chaînes,
Pour une nuit, garçons comme autrefois,
Rappelons-nous le temps de nos fredaines,
De nos amours, de nos joyeux exploits!
A ce souper rendons-nous d'un pas leste !..

BLAIREAU.
Qu'il nous promet, ami, d'heureux moments!..

FOUINARD.
Bon jeu... bon vin... gais minois.

BLAIREAU.
Et le reste !..
Je crois, mon cher, à mes pressentiments...
Oui, j'ai ce soir d'heureux pressentiments !

FOUINARD. Allons!

BLAIREAU. Entrons!

ENSEMBLE.
Air des *Porcherons.*
Sans penser à demain,
Courons à ce festin !
Là-haut le plaisir nous attend,
Courons à ce souper charmant!

(Ils frappent et entrent dans la maison, pendant ce temps Scipion arrive par le fond, à gauche, amenant Sylvestre.)

SCÈNE VIII.

SCIPION, SYLVESTRE, *puis* FIFINE.

SCIPION. Allons, mon cher, tâche donc de te réveiller, je n'ai jamais vu un endormi comme toi.

SYLVESTRE. Mais aussi tu me prends dans mon premier sommeil... tu me forces à m'affubler de ce costume de Turc... tu me flanques un turban sur la tête... tu me jettes mon paletot sur les épaules... et tu m'entraînes sans me dire où... je veux savoir où ?

SCIPION. Voyons, au lieu de passer ta nuit à dormir comme un déplorable loir, serais-tu fâché de t'amuser un peu?

SYLVESTRE, *bâillant.* Moi!.. je n'y ai pas la tête, va... Il s'est passé des choses depuis toi... dans le magasin du patron.

SCIPION. Quoi ?.. des affaires de ménage, ça ne me regarde pas... je déteste les cancans.

SYLVESTRE, *bâillant.* Et puis, vois-tu, j'ai l'amour, qui me tourne sur le cœur...

SCIPION. Oui, l'amour et le sommeil.

SYLVESTRE. J'ai des peines morales.

SCIPION. Je te guérirai... j'en ai un moyen.

SYLVESTRE, *avec mélancolie.* Non... non... il y a des peines dont on ne guérit pas...

SCIPION. Et si je te faisais souper avec deux femmes charmantes qui nous attendent?

SYLVESTRE, *passant à la joie.* Ah ! bah ! vraiment... où ça?.. est-ce loin ?..

SCIPION, *montre la maison.* Là... au premier.
SYLVESTRE. Où il y a de la lumière?
SCIPION. Précisément.
SYLVESTRE. Et tu dis qu'elles sont...
SCIPION. Délirantes.
SYLVESTRE, *le poussant en riant.* Farceur de Scipion, va!..
SCIPION. Ah! ah! ça te réveille!
SYLVESTRE. Montons vite, Scipion, je brûle de les voir... de les admirer.
SCIPION. Oh! minute... mets d'abord ce faux nez. (*Il lui donne un faux nez.*)
SYLVESTRE. Un faux nez!
SCIPION. J'en mettrai un moi-même... Il est essentiel que nous soyons parfaitement déguisés...
SYLVESTRE. Permets donc!.. ça va nuire aux grâces de ma physionomie... m'ôter tous mes moyens de séduction.
SCIPION. Ah! fais ce que je te dis... ou je ne t'emmène pas!
SYLVESTRE. Allons, je me résigne... (*Mettant le faux nez.*) Me voilà avec mon nouveau nez! Je dois être hideux comme ça!
SCIPION. Et surtout, du respect, de la retenue! ce sont des dames très comme il faut... Je te préviens même qu'elles seront masquées.
SYLVESTRE. Masquées!
SCIPION. Comme dans la Tour de Nesle.
SYLVESTRE. Ça me va!.. j'adore les aventures mystérieuses!
SCIPION. Masquées jusqu'au moment où par nos égards, notre esprit, nous aurons su mériter...
SYLVESTRE. C'est dit!... (*A part.*) Je change sur mes vers le nom de l'ingrate Caroline, et j'y substitue celui de ma délirante inconnue.
FIFINE, *sortant de la maison, à Scipion qu'elle aperçoit.* Ah! Monsieur, en voilà bien d'une autre!
SCIPION. Quoi donc?
FIFINE. Ces deux dames... vous savez?..
SCIPION. Eh bien!.. est-ce qu'elles ne sont pas venues?
FIFINE. Si, Monsieur, mais à peine arrivées, elles ont ouvert à deux messieurs que je ne connais pas et qui apportaient à souper.
SCIPION, *jouant la surprise.* Vraiment?..
SYLVESTRE, *inquiet.* Comment, des rivaux?
SCIPION. A ce qu'il paraît! (*A Fifine.*) Et ces messieurs, qu'ont-ils fait?
FIFINE. D'abord, ils ont fourré un tas de bois dans le feu et puis ils m'ont donné cent sous pour aller chercher une bouteille de champagne, en disant qu'ils n'en avaient pas assez d'une.
SCIPION. Ah! ah!.... C'est bien..... fais ce qu'on t'a dit... va chercher ta bouteille de cent sous...
FIFINE. Oui, M'sieu! (*A part.*) Je vas en prendre une de deux francs cinquante... c'est toujours du même. (*Elle entre chez le marchand de comestibles.*)

SYLVESTRE. Ah çà! mon cher, ces messieurs qui sont là-haut?.. si c'étaient des amants...
SCIPION. Après? nous les jetterons par la fenêtre...
SYLVESTRE. Ah! diable!.. mais c'est que... je n'aime pas jeter les gens par la fenêtre.
SCIPION. Aurais-tu peur?
SYLVESTRE. Moi, peur?.. un Turc!.. mais j'ai une petite commission à faire dans le quartier.
SCIPION. Tu m'abandonnerais au moment du danger! Toi?.. un ami!
SYLVESTRE, *continuant.* Une facture à recevoir.
SCIPION. Si tu t'en avisais!.. je te couperais les oreilles... tu me connais!..
SYLVESTRE, *à part.* Cristi! je suis fâché d'être venu.
FIFINE, *revenant.* Monsieur, v'là l'autre bouteille.
SCIPION. C'est bien... écoute!... (*Il lui parle bas.*)
SYLVESTRE, *à part.* Qu'est-ce qu'il dit à la bonne?... Je suis inquiet.
FIFINE, *riant, et à Scipion.* Comment, Monsieur, c'était ça?.. Je comprends!.. soyez tranquille!.. ah! ah!.. (*Elle rentre dans la maison.*)
SCIPION, *arrêtant Sylvestre, qui cherche à s'esquiver.*) Eh bien!.. eh bien!..où vas-tu donc?
SYLVESTRE. *embarrassé.* Moi... j'allais... (*Il se penche à son oreille.*)
SCIPION. Poltron!

ENSEMBLE.

Air des *Diamants.*

SCIPION.

A nos rivaux viens à l'instant,
Viens nous montrer avec audace!
S'ils disputent la place,
Jetons-les dehors poliment!

SYLVESTRE, *à part.*

Des rivaux, c'est inquiétant!
Je crains qu' pour prix de notre audace,
Ce n' soit nous qu'à leur place
Ils jettent dehors poliment!

(*Ils entrent dans la maison; la musique continue à l'orchestre. Bientôt on voit l'ombre de Fifine derrière les rideaux de la croisée du premier étage.*)

FIFINE, *dans l'intérieur.* Messieurs, cachez-vous vite... voilà les maris de ces dames qui montent... je les ai vus dans la rue... (*Violent coup de sonnette.*) Ce sont eux qui sonnent!.. (*La fenêtre s'ouvre, Blaireau et Fouinard se précipitent sur le balcon poussés par Fifine.*) Restez là! ne bougez pas!.. Ils vous tueraient!.. (*Elle leur jette leurs paletots, leurs chapeaux, puis elle referme la fenêtre sur eux, et on l'entend crier dans l'intérieur.*) On y va! mon Dieu, on y va!..

SCÈNE IX.

BLAIREAU, FOUINARD, *sur le balcon, puis* DES MASQUES.

BLAIREAU. Leurs maris!
FOUINARD. Et ils nous tueraient! Ah! nous voilà bien!
BLAIREAU. Fouinard, je t'assure que je ne me sens pas à mon aise!
FOUINARD. Et moi donc! je suis à la noce peut-être?
BLAIREAU. Ah! qu'est-ce que nous sommes venus faire dans cette maudite galère!
FOUINARD. C'est ta faute aussi!.. tu t'acharnes à suivre des femmes... au lieu d'aller tout bonnement au bal...
BLAIREAU, *effrayé*. Tais-toi donc!.. tu vas nous faire découvrir...
FOUINARD. Passer la nuit sur un balcon... au vent... au brouillard...
BLAIREAU. Et juste sous la gouttière...
FOUINARD. Quelle perspective!..
BLAIREAU. Et au point du jour, surpris dans cette position ridicule...
FOUINARD. Compromis aux yeux du deuxième arrondissement!
BLAIREAU. Et nos femmes!
FOUINARD. Nos malheureuses femmes!
BLAIREAU. Le diable soit de ton carnaval!.. Il est joli!..
FOUINARD. Et tes pressentiments heureux!.. imbécile!.. C'est ça qui nous a porté malheur!..
BLAIREAU. Allons... bon!.. Ah!.. voilà que je m'enrhume!..
FOUINARD. Ah! parbleu!.. moi aussi!... (*Ils mettent leurs paletots.*) J'ai envie de fumer un cigare pour m'échauffer. (*Il cherche dans ses poches.*) Eh bien!.. sapredienne!
BLAIREAU. Quoi?
FOUINARD. J'ai laissé mon étui sur la cheminée... avec la loge d'Opéra.
BLAIREAU, *désespéré*. Je n'ai pas une goutte de sang dans les veines, ma parole d'honneur! (*Pendant ces derniers mots, quelques groupes de masques traversent la rue; un paillasse aperçoit Fouinard et Blaireau et les montre, en riant, à ses camarades.*)
LE PAILLASSE. Ah! ah! regardez donc là-haut!
LES MASQUES. Oh! oh! ces binettes!..
BLAIREAU, *avec effroi*. Ils vont nous trahir!..
LE PAILLASSE. Ces messieurs prennent le frais pour leur santé?
UN TITI. Ont-ils des boules de serins! Oh! oh!
LE PAILLASSE. Veux-tu, que je te dise... ils me font l'effet de deux mufles.
LES MASQUES. Oh! ho! hu! hu! hu! (*Ils passent, se moquant et riant.*)
FOUINARD. Comme c'est gai de s'entendre traiter comme ça!...
BLAIREAU. Ah! bien... voilà qu'il neige maintenant! c'est le bouquet!
FOUINARD. Et dire qu'ils sont là dedans... près d'un bon feu...
BLAIREAU. Et qu'ils mangent notre souper... que nous n'avons pas seulement étrenné!... (*Rires dans la maison.*)

CHŒUR, *dans la maison.*
Air de la *Semaine des amours.*

Quel repas
Plein d'appas!
Que du champagne
La gaîté nous gagne!..
Quel repas
Plein d'appas!
Buvons toujours
Aux plaisirs, aux amours!

SCIPION.
Assis près de femme jolie
Et de nectar nous abreuvant,
Rions des sots gobant la pluie,
Le brouillard, la neige et le vent.

CHŒUR.
Quel repas, etc.

FOUINARD.
Les femmes ce sont nos conquêtes!..
BLAIREAU.
Et le nectar le nôtre aussi.
FOUINARD.
Ils ont bien chaud!..
BLAIREAU.
Nous, pauvres bêtes,
Au froid nous grelottons ici.

FOUINARD. Je suis sûr qu'ils s'en donnent là dedans! (*Il veut regarder.*) Impossible de rien voir!..
BLAIREAU, *avec effroi*. Ah! Fouinard!.. mon ami... il me prend une envie d'éternuer.
FOUINARD. Malheureux!.. retiens-la... (*Il se retient et finit par éternuer.*)
SCIPION, *dedans*. Qu'est-ce que c'est que ça?
FOUINARD, *tremblant*. Nous sommes perdus!..
PIFINE, *en dedans*. Ce n'est rien, Monsieur... C'est dans la rue.
SCIPION. Quelque imbécile qui s'enrhume du cerveau.
SYLVESTRE, *criant*. A sa santé! (*Éclats de rire.*)

REPRISE DU CHŒUR.
Quel repas, etc.

BLAIREAU. Quelle position, mon Dieu!
FOUINARD. Quand je pense qu'il y a des maris... des épiciers de maris qui sont bien tranquillement chez eux... et que sans toi... (*La lumière disparaît au premier étage.*)
BLAIREAU. Bon!.. ils ont éteint la lumière!
FOUINARD. C'est encore agréable pour nous.
SCIPION, *dedans*. La porte, s'il vous plaît!
FOUINARD. Ah! mon Dieu!.. est-ce qu'ils s'en iraient?

BLAIREAU, *se penchant.* On ouvre la porte... ils s'en vont...
FOUINARD. Prenons bien garde d'être aperçus. (*Ils s'effacent.*)
BLAIREAU, *respirant.* Ah! nous allons être délivrés!.. j'en ai le doux pressentiment. (*Fouinard le pousse pour le faire taire.*)

SCÈNE X.

LES MÊMES, LES DEUX DOMINOS, SCIPION, SYLVESTRE, *puis* FIFINE, *puis* LE PORTIER, *puis* UN MONSIEUR, *puis des passants masqués et non masqués.*

SYLVESTRE, *affectant de parler haut.* Ah! quelle nuit charmante!
SCIPION. Maintenant, à l'Opéra!
BLAIREAU. Avec notre loge!
SYLVESTRE, *à Scipion.* Ah! mon ami, la mienne est ravissante!.. je n'ai pas vu seulement le bout de son nez; mais je suis sûr qu'elle est ravissante. Je crois que je lui plais... elle m'a flanqué un coup de fourchette sur les doigts!
SCIPION. Silence, et offre ton bras!
SYLVESTRE, *à Scipion.* Et les autres jobards qui droguent là-haut!.. ils ont eu peur, les lâches!..
SCIPION. Partons!.. (*Il prend le bras de Caroline, Sylvestre offre le bras à Valérie et ils s'éloignent par le fond.*)
BLAIREAU, *à Fouinard.* Risque un œil, Fouinard, un coin d'œil.
FOUINARD, *regardant avec précaution.* Ce sont elles... avec leurs maris... ils s'éloignent!
BLAIREAU. Vite!.. appelons la bonne! (*Il frappe à la fenêtre.*)
FIFINE, *sous la porte, en Cauchoise.* Allons! père Gorenflôt... dépêchez-vous... je pars devant, de peur des caquets. (*Elle sort de la maison.*)
GORENFLÔT, *en dehors.* Me v'là, mams'elle Fifine, le temps seulement de fermer ma loge.
FOUINARD, *à Blaireau.* Fifine!.. c'est le nom de la soubrette.
BLAIREAU. Mais oui!... c'est elle!.. Eh! la bonne!
FOUINARD. Mademoiselle Fifine?.. venez donc nous ouvrir!
FIFINE. Oh! bûche!!! j'ai bien le temps! (*Elle sort par le fond à gauche.*)
FOUINARD. Comment! elle s'en va!.. elle nous laisse!..
BLAIREAU. Et je lui ai donné cinq francs pour elle!
FOUINARD, *voyant le concierge qui ferme la porte de la maison.* Ah! le concierge!.. eh! l'ami!..
GORENFLÔT, *à part.* J'ai reçu dix francs pour être sourd.
BLAIREAU, *appelant.* Portier!.. portier!

FOUINARD. Il ne répond pas!.. portier!..
BLAIREAU. C'est peut-être un Suisse... meinher!..
GORENFLÔT. Me v'là, mams'elle Fifine, attendez-moi! (*Il sort en courant par la gauche.*)
BLAIREAU. Lui aussi!.. parti!.. (*En ce moment, un monsieur fort bien mis arrive lentement par le fond et aperçoit Fouinard et Blaireau.*)
FOUINARD. Mon cher, je ne veux pas coucher là... je me risque, j'enjambe... (*Il passe une jambe pour descendre.*)
LE MONSIEUR, *s'approchant et d'un ton très-poli.* Pardon, Monsieur, vous risquez de vous faire mal tout seul...
FOUINARD. Ah! Monsieur, c'est le ciel qui vous envoie!.. seriez-vous assez bon pour?..
LE MONSIEUR. Certainement... prenez-vous au balcon, mettez un pied dans l'assise... l'autre sur mon épaule... ne craignez rien... je suis solide!.. sautez maintenant.
FOUINARD, *avec joie.* Ah! m'y voilà... à toi... suis le même procédé... Monsieur est si obligeant...
LE MONSIEUR. Appuyez...
FOUINARD. Appuie... appuie... Monsieur est solide!
BLAIREAU, *sautant.* Ah! ah! ah! m'y voilà aussi.
TOUS DEUX. Ah! Monsieur... Monsieur, que de reconnaissance...
BLAIREAU. Vous êtes notre bon ange!
FOUINARD. Notre sauveur!.. (*Le monsieur les prend au collet.*)
TOUS DEUX. Eh bien! eh bien! quoi donc?
LE MONSIEUR, *changeant de ton.* On ne descend pas d'un balcon à pareille heure... au violon!..
TOUS DEUX. Au violon! (*Le monsieur est rejoint par un autre qui lui prête main-forte. Des masques, des passants se sont attroupés pendant ce temps.*)

CHŒUR.

Air de l'Ambassadrice.

Point de résistance,
Sans plus de raison,
Il faut en silence
Nous   suivre en prison.
Les

FOUINARD. Monsieur, Monsieur, permettez-nous de vous dire...
BLAIREAU. Nous ne sommes pas des malfaiteurs!
LE MONSIEUR. Vous vous expliquerez au poste. (*Scipion, Sylvestre et les dominos ont reparu pendant le chœur.*)
VALÉRIE, *bas, à Scipion.* Au poste!..
SYLVESTRE, *bas.* Dieu!.. le patron et M. Blaireau!.. ce sont eux qui étaient sur le balcon!..
CAROLINE, *bas, à Scipion.* Ah! mon Dieu!.. arrêtés! (*Elle fait un mouvement vers son mari.*)
SCIPION, *bas, et l'arrêtant.* Bah!.. pour une heure au poste... ils n'en mourront pas!..

VALÉRIE, ôtant son masque et bas. Ah! messieurs nos maris! vous vouliez faire votre carnaval sans nous!..
CAROLINE, de même. Eh bien!.. vous le ferez!.. et de la bonne manière.

LE MONSIEUR, à Fouinard et Blaireau. Marchons!..
REPRISE DU CHOEUR.
Point de résistance, etc.
FIN DU DEUXIÈME ACTE.

ACTE TROISIÈME.

Un salon à la Maison-d'Or; deux portes d'entrée au fond, l'une à gauche, l'autre à droite.

SCÈNE PREMIÈRE.

FIFINE, GORENFLOT, à une table, à droite, et soupant, DES MASQUES, à d'autres tables, buvant et mangeant, UN GARÇON.

CHOEUR.
Air : Larifla.
Viv' le mardi-gras !
A ce gai repas,
Prenons nos ébats !
Puis ensemble au bal,
Pour dernier régal,
Galop général.

TOUS, criant. Garçon!.. eh! garçon!
LE GARÇON, accourant. Voilà, Messieurs, voilà! Qu'est-ce qu'il faut vous servir?
UN PAILLASSE, à une table de gauche. Une fiole de champ...
LE GARÇON. Bien, Monsieur.
UN DÉBARDEUR, idem. Et des cigares.
LE GARÇON. Bien, Madame.
AUTRES MASQUES, paraissant au fond, et criant. Garçon!.. un cabinet!
LE GARÇON. Un cabinet? voilà!.. (Criant.) Ouvrez le dix-neuf! (Il sort et revient un moment après avec le champagne et les cigares.)
GORENFLOT. Allons, mam'selle Fifine, tendez votre gobelet. (Il verse.)
FIFINE, retirant son verre. Eh ! doucement donc, monsieur Gorenflot... comme vous y allez! Je ne suis pas le tonneau d'Adélaïde.
GORENFLOT. Bah! quand vous vous donneriez une petite pointe, une nuit de mardi-gras, c'est pas défendu.
FIFINE, se levant. Non, non... je veux garder des jambes pour danser le galop.
GORENFLOT, venant à elle. Avouez que vous n'êtes pas fâchée d'avoir accepté mon bras?
FIFINE. Ah! le fait est que vous vous êtes joliment comporté!
GORENFLOT. Ma foi, oui!.. j'ai jeté mon bonnet par-dessus l'Obélisque. Le bal de l'Ambigu, fi donc! c'est trop populacier... je me suis fendu de deux billets d'Opéra.
FIFINE. Et d'un souper à la Maison-d'Or.
GORENFLOT. Avec des truffes et du homard.

FIFINE. Ni plus ni moins qu'un agent de rechange.
GORENFLOT. Et allez donc!.. plus que ça de noce échevelée.
FIFINE. Ah! Dieu, ce bal de l'Opéra!.. c'est ça qu'est gai et amusant! J'ai-t'y sauté.
GORENFLOT. Et moi donc!.. un vrai cabri.
FIFINE. Et polké! et intrigué!.. Vous savez bien ce monsieur qui m'a payé du suc de pommes?
GORENFLOT. Oui, un grand sec... pas beau.
FIFINE. Dans votre genre.
GORENFLOT. Méchante!
FIFINE. C'est un ancien bourgeois à moi... un pharmacien de la rue des Fourreurs... Je lui ai fait croire que j'étais une duchesse polonaise.
GORENFLOT. Ah! ah! en v'là une soignée!.. Eh bien! c'est comme moi, avec cette grosse Alsacienne, que j'ai fait valser... je me suis donné pour un prince suisse.
FIFINE, riant. Un prince suisse! Ah! eh! farceur de père Gorenflot!
GORENFLOT. Tiens! faut bien rire un peu!
FIFINE. Faut bien s'amuser!
GORENFLOT. Comme dit la chanson. (Chantant.)
N'y a pas d' mal à ça,
Colinette,
N'y a pas d' mal à ça.
(Retournant à la table de droite.) A votre santé, jolie Cauchoise!
FIFINE, trinquant. A la vôtre, bel Arlequin! (Ils boivent. Pendant ces derniers mots, Achille, jeune homme à moustaches, au chapeau campé sur l'oreille, a paru au fond avec Dubourg. Ils regardent et lorgnent de tous côtés comme des gens qui cherchent quelqu'un.)

SCÈNE II.

LES MÊMES, ACHILLE ET DUBOURG.

ACHILLE, à Dubourg. Je n'aperçois pas nos donzelles. (Entrant et appelant.) Garçon!
LE GARÇON. Monsieur!
ACHILLE. Avez-vous vu deux dames?
LE GARÇON. Deux dames?
ACHILLE. Deux dames seules... en costume de pierrettes.

DUBOURG. Des jupes blanches, des revers bleus.
LE GARÇON, *réfléchissant*. Des pierrettes... attendez donc... ça ne serait pas deux polichinelles?
ACHILLE. Imbécile!
DUBOURG. On vous dit des pierrettes.
LE GARÇON. C'est différent... nous n'avons pas ça ici.
ACHILLE. Sacrebleu!
LE GARÇON. Ces messieurs veulent-ils souper?
ACHILLE. Non! va-t'en au diable!
LE GARÇON. Bien, Monsieur... (*A part, en remontant.*) Il a l'air d'un fameux crâne!
ACHILLE. Je suis d'une colère!
LE PAILLASSE. Eh! mais, je ne me trompe pas!.. Achille et Dubourg! (*Se levant et venant leur serrer la main. A Achille.*) Ah çà, toi, je te croyais en province?
ACHILLE, *brusquement*. Je suis arrivé il y a deux jours.
LE PAILLASSE. Peut-on vous offrir un verre de champagne?
ACHILLE, *de même*. Merci.
LE PAILLASSE. Ah! mon Dieu, quel air rechigné! Qu'est-ce que tu as donc?
ACHILLE. J'ai... j'ai que l'on vient de se moquer de nous.
TOUS. Ah bah!
LE PAILLASSE. Et qui donc?
ACHILLE. Des femmes, parbleu!.. (*D'un air menaçant.*) Si c'étaient des hommes, mille tonnerres!
LE GARÇON, *qui a écouté, et à part.*) Je disais bien, c'est un crâne!
LE PAILLASSE, *à Achille*. Voyons, conte-nous ça.
TOUS. Oui, oui, l'histoire! l'histoire!..
LE DÉBARDEUR. Allez-y!
ACHILLE. Eh bien! il s'agit de deux femmes... deux femmes charmantes, ma foi... que nous avons rencontrées cette nuit au bal de l'Opéra.
DUBOURG. Elles étaient seules, et erraient à l'aventure comme des brebis égarées.
ACHILLE. Nous nous approchons d'elles, et sans perdre de temps en préambules, nous offrons à souper... A ce mot, grand effroi. (*Imitant une voix de femme.*) « Messieurs, de grâce, laissez-nous!.. nous ne sommes pas ce que vous croyez. » Enfin, toutes les rocambolles d'usage.
DUBOURG. On cherche à fuir.
ACHILLE. Nous nous attachons à leurs pas..... nous devenons plus pressants... « Eh bien! finit par dire l'une d'elles, à une heure, au foyer, près de l'horloge... » Oh! oh! pardon, mes belles, nous connaissons ça!.. Ce n'est pas à nous qu'on monte des couleurs... il nous faut des gages... comme aux jeux innocents... Et moitié de gré, moitié de force, nous nous emparons..
DUBOURG. Moi, du mouchoir brodé de l'une.
ACHILLE. Et moi de l'éventail de l'autre.
TOUS. Bravo!

DUBOURG. De cette manière nous nous croyions sûrs de revoir nos deux conquêtes.
ACHILLE. Eh bien! pas du tout!
Air : *Qu'il est flatteur.*
En vain, au rendez-vous fidèles,
Dans le dessein de festoyer,
Nous avons attendu nos belles
Près de l'horloge du foyer ;
Malgré ces gages, de vrais leurres,
Nous entendîmes, sans bouger,
Sonner, tinter toutes les heures,..
Excepté celle du berger.
Mais je ne me tiens pas encore pour battu.
DUBOURG. Ni moi!
ACHILLE. Je vais avec Dubourg parcourir les cafés, les restaurants des environs et si je rencontre nos farceuses au bras de quelques cavaliers...
DUBOURG. Ça ne se passera pas comme ça.
ACHILLE. Ils apprendront de quel bois je me chauffe. (*A Dubourg.*) Viens, suis-moi! (*Ils sortent.*)
LE PAILLASSE, *retournant à sa table*. Et nous, mes enfants, un dernier verre de champagne, et au bal.
FIFINE. Allons, père Gorenflot, payez.
LE PAILLASSE. Garçon, l'addition!
LE GARÇON, *tirant la carte de sa poche, et la lui présentant*. Voilà, Monsieur.
GORENFLOT, *au garçon*. Jeune homme, combien vous dois-je?
LE GARÇON, *lui présentant une autre carte*. Voici votre carte.
GORENFLOT, *regardant la carte, et à part*. Dix-neuf francs quatre-vingt-quinze!.. c'est poivré... mais cette Fifine est si appétissante... ah! si Azéma se doutait jamais!.. (*Au garçon.*) Tenez, voilà vingt francs... le reste est pour vous.
LE GARÇON. Un sou!
GORENFLOT. Ah! dites donc! j'ai laissé de l'homard, vous nous le mettrez en réserve, pour si nous voulons nous rafraîchir en sortant de l'Opéra.
LE GARÇON, *à part*. En v'là des panés! (*Il retourne près des autres masques qui le paient.*)
FIFINE. Allons donc, père Gorenflot, allons donc danser...
SCIPION, *entrant par le fond, et à Sylvestre qui le suit*. Par ici!..
FIFINE, *l'apercevant*. Dieu! mon bourgeois!..
(*Elle met vivement son masque.*)
GORENFLOT, *à part*. Le nouveau locataire!
ENSEMBLE.
Air : *Final de la Filleule des Fées.*
Partons, (*Bis.*)
Au bal gaîment rentrons!
Pour que la fête
Aujourd'hui soit complète,
Plus de retard,
Sur les airs de Musard,
Allons pincer un quadrille chicard.
(*Ils sortent par le fond.*)

SCÈNE III.

SCIPION, SYLVESTRE, LE GARÇON.

SCIPION, *qui a regardé sortir les masques, à part.* Pas plus dans ce salon que dans les autres!.. où sont-elles!.. qu'ont-elles pu devenir?.. je suis d'une inquiétude... (*Au garçon qui est en train de desservir.*) Garçon?

LE GARÇON. Monsieur appelle?

SCIPION. Oui, dites-moi, n'auriez-vous pas vu deux dames?

LE GARÇON, *étonné.* Deux dames?.. ne serait-ce pas deux polichinelles?..

SYLVESTRE, *sans lui répondre.* Oui deux dames que nous avons égarées au bal.

SCIPION. Deux dames seules... en pierrettes.

LE GARÇON, *à part.* Tiens! eux aussi!..

SCIPION. Tailles sveltes... élancées...

SYLVESTRE. Des jupes blanches...

LE GARÇON. Et des revers bleus?

SCIPION, *vivement.* C'est cela!.. elles sont ici?.. vous les avez vues?

LE GARÇON. Non, Monsieur... mais on est déjà venu les demander.

SCIPION, *étonné.* Comment?

LE GARÇON. On est à leur recherche.

SYLVESTRE. Ah bah!

SCIPION. Et qui donc?

LE GARÇON. Deux messieurs à moustaches... dont l'un à l'air joliment mauvaise tête, allez!

SYLVESTRE. Diable!

SCIPION. Deux messieurs?..

LE GARÇON. A qui elles avaient donné rendez-vous à l'Opéra pour souper.

SCIPION. Elles!.. c'est impossible!

LE GARÇON. Même qu'elles les ont fait droguer pendant plus de deux heures sous l'horloge, et qu'ils disaient comme ça que s'ils les trouvaient avec d'autres particuliers, ceux-ci n'avaient qu'à prendre garde à leurs oreilles.

SYLVESTRE. Ah! bien!.. encore une mauvaise affaire!..

SCIPION. Allons donc! tu crois ce que nous dit cet imbécile!

LE GARÇON. Mais, Monsieur...

SCIPION. Il est clair qu'il y a quelque méprise.

SYLVESTRE. Tu crois?

SCIPION. Il ne peut être question ici de celles que nous cherchons.

SYLVESTRE. Pourtant, ce signalement...

SCIPION, *sans l'écouter, à part avec agitation.* Ma sœur!.. madame Blaireau! donner des rendez-vous!.. est-ce que c'est croyable? (*A Sylvestre.*) Eh bien, voyons, quand tu me regarderas d'un air étonné il faut retourner au bal... m'aider à les chercher... à les retrouver.

SYLVESTRE. Moi, t'aider... plus souvent.

SCIPION. Comment?

SYLVESTRE. Merci! je n'en joue plus! j'ai assez trimé comme ça!.. quelle nuit!

SCIPION. De quoi te plains-tu?

SYLVESTRE. De quoi je me plains? d'abord, en sortant de souper, au lieu d'aller à l'Opéra avec nos conquêtes, comme c'était convenu, tu me fais piétiner, vingt minutes, au froid, dans la rue.

SCIPION. Mon beau-frère était arrêté... je devais m'inquiéter de ce qu'il deviendrait.

SYLVESTRE. Soit!.. je passe là-dessus... mais ensuite?

SCIPION. Eh bien! quoi, ensuite?.. nous nous sommes rendus au bal en compagnie de nos dominos...

SYLVESTRE. Oui, et peu d'instants après, quand j'espérais me dédommager, quand j'allais glisser ma déclaration, crac!.. tu disparais avec ces dames... en me disant que tu ne tarderas pas à me rejoindre... j'attends, je peste pendant une demi-heure... et au bout de ce temps, je te vois revenir seul...

SCIPION, *à part.* Ce pauvre Sylvestre!.. il me fait rire malgré moi.

SYLVESTRE. Puis, sans même daigner me donner une explication, tu me montres deux petites pierrettes... tu me forces à les suivre...

SCIPION. Eh bien! oui, j'avais résolu de faire leur conquête...

SYLVESTRE. En silence donc?.. car tu ne m'as pas même permis de leur adresser une syllabe.

SCIPION. C'était plus respectueux. Par malheur, la foule nous a séparés tout à coup.

SYLVESTRE. Alors, ç'a été une autre histoire!.. Il a fallu courir après, visiter la salle, le foyer, les loges... pousser, monter, descendre.

Air du Petit Courrier.

Dans chaque coin, chaqu' corridor,
A leur recherche tu m'entraînes;
Puis, sans respirer, tu m'amènes
Tout courant à la Maison-d'Or.
Aux pierrettes, moi, je refuse
De chasser comme j'épagneul...
Et si ce beau métier t'amuse,
Ma foi, mon cher, fais-le tout seul,
Oui, tu peux le faire tout seul.

SCIPION. Eh bien! et toi?

SYLVESTRE. Moi, je suis sur les dents... je ne bouge plus d'ici.

SCIPION. Allons, soit! reste, puisque tu le veux... D'ailleurs, si elles venaient, tu pourrais les retenir... leur dire d'attendre mon retour.

SYLVESTRE. Oh! quant à ça, c'est convenu!

SCIPION. Moi, je cours les chercher au bal.

Air des Échos de Musard.

Je compte ici sur toi,
Et cours après nos belles,
Si tu les vois, près d'elles
En ces lieux attends-moi.

ENSEMBLE.
Je compte, etc.

SYLVESTRE.
Va, cours, amuse-toi !
Si je revois nos belles,
Pour t'attendre avec elles,
Mon cher, compte sur moi.

(Scipion sort.)

SCÈNE IV.

SYLVESTRE, LE GARÇON, puis FOUINARD.

SYLVESTRE. Plus souvent que je vas m'échiner à courir après des femmes que je ne connais pas !.. Mettons-nous à notre aise... (Il ôte son paletot qu'il pose sur une chaise ainsi que son turban, puis prend la carte qu'il ouvre.) J'ai besoin de me refaire avec quelque chose de chaud. (Appelant.) Garçon ?
LE GARÇON. Monsieur ?
SYLVESTRE. Une douzaine d'huîtres !
LE GARÇON. Quel vin, Monsieur ?..
SYLVESTRE. Du meilleur... et du moins cher, allez, dépêchez-vous ! (Il s'assied à la table de droite.)
LE GARÇON. Bien, Monsieur !.. (Il remonte.)
FOUINARD, entrant d'un air effaré et se rencontrant avec le garçon. Ah ! garçon !.. vite, votre tablier, votre serviette...
LE GARÇON, étonné. Mon tablier ?..
FOUINARD. J'ai besoin de me travestir.
LE GARÇON. Mais, Monsieur, comment voulez-vous que je vous donne ?..
FOUINARD, lui donnant de l'argent. Tenez, voilà pour vous...
LE GARÇON. Cinq francs !.. oh ! alors, à votre service ! (Il lui donne son tablier, sa serviette.)
FOUINARD. Dépêchez-vous, garçon, dépêchez-vous !
LE GARÇON. Voilà, Monsieur, voilà ! (Il sort en criant :) Une douzaine !..
FOUINARD, à part retirant son paletot et son chapeau et s'affublant de la serviette du garçon. Saperlotte !.. quelle venette !.. j'ai cru que j'allais être pincé une seconde fois... obligé de décliner de nouveau mes noms, prénoms et qualités... et par suite d'un quiproquo ! parce que l'on m'a pris pour un autre !.. Je me promenais tranquillement au bal de l'Opéra, lorsque des surveillants se jettent sur moi... m'entraînent hors de la salle en m'accusant d'avoir dansé le cancan... dansé le cancan !.. moi qui n'ai pas dansé un seul quadrille !..
SYLVESTRE. Garçon !
FOUINARD, continuant, sans l'entendre. Heureusement, sous le vestibule, je leur ai échappé... mais ils m'ont poursuivi jusqu'ici... je n'ai eu que le temps de me jeter dans cette maison, et je crains...
SYLVESTRE. Garçon !
FOUINARD, de même. Et Blaireau ? qu'est-ce qu'il sera devenu dans tout ça ?..
SYLVESTRE, criant. Garçon ! est-ce que vous êtes sourd ?
FOUINARD, à part. Quelqu'un !..
SYLVESTRE. Voyons donc, que diable ! cette douzaine !...
LE GARÇON, revenant. Voilà, Monsieur, voilà !
FOUINARD, bas, lui prenant ce qu'il tient. Donnez !.. je servirai moi-même.
LE GARÇON. Bien, Monsieur, à part, sortant. C'est une farce de carnaval !.. (On entend sonner du dehors.) Voilà, Monsieur, voilà !
SYLVESTRE. Eh bien ?
FOUINARD, se dirigeant vers la table et prenant l'accent du garçon. Voilà, Monsieur, voil... (Le reconnaissant.) Sylvestre !.. mon commis !.. (Il se détourne et remonte en remportant les huîtres et la bouteille.)
SYLVESTRE. Ah çà ! que faites-vous donc ?.. vous vous en allez sans me servir ?..
FOUINARD, déguisant sa voix. Pardon, Monsieur... c'est que... (A part.) Lui, ici !.. quand je le croyais couché !..
SYLVESTRE. C'est que... quoi ?..
FOUINARD. C'est que j'ai... j'ai oublié le citron !
SYLVESTRE. Je m'en passerai... Donnez-moi ça.
FOUINARD, à part. S'il me reconnaît, il bavardera !.. il dira tout à ma femme... et les alguazils qui sont peut-être en bas... quelle position !
SYLVESTRE, impatient. Finirez-vous !
FOUINARD, se rapprochant, évitant d'être vu et passant les objets le dos tourné. Voilà, Monsieur... voilà ! (Il s'éloigne.)
SYLVESTRE. Et une fourchette ?.. vous voyez bien que je n'ai pas de fourchette !..
FOUINARD. Une fourchette ?.. (Il cherche de tous les côtés, en trouve une sur l'autre table qui n'a pas été desservie et la tend à Sylvestre.) Voici une fourchette !.. (A part.) Drôle !
SYLVESTRE. Comment ? une fourchette sale !.. une fourchette d'occasion !
FOUINARD, à part. C'est assez bon pour toi, paltoquet !
SYLVESTRE. Veux-tu bien me nettoyer ça !
FOUINARD, à part. Il me tutoie !
SYLVESTRE. Et vivement !..
FOUINARD, à part. Et être forcé de ronger mon frein !

SYLVESTRE, lui tendant la fourchette.

Air : Ah! si Madame me voyait.

Allons, dépêchez-vous, garçon !
Je meurs de faim !.. le diable vous emporte !

FOUINARD, *l'essuyant avec colère.*
M'entendre traiter de la sorte!
Servir un pareil polisson!..
SYLVESTRE.
Quel animal que ce garçon!
FOUINARD, *à part.*
Il me rudoie, il m'invective!
Pour moi quelle rude leçon!
Voilà, maris, ce qu'il arrive
Quand on veut faire le garçon!

SYLVESTRE, *avec colère.* Garçon!.. (*Mouvement de rage de Fouinard.*) Mais, voyons donc, garçon, cette fourchette, est-ce pour demain?

FOUINARD. Voilà, Monsieur, voilà! (*Il la lui tend par derrière et manque de la lui mettre dans l'œil.*)

SYLVESTRE. Mais prenez donc garde à ce que vous faites!.. (*Se levant et tournant autour de Fouinard pour voir sa figure.*) Qu'est-ce qu'il a donc à se tourner toujours comme ça?.. (*Le reconnaissant, à part.*) Dieu! le patron!.. sauvons-nous! (*Il saisit le chapeau et le paletot qui sont près de la porte, sort en courant et se heurte avec Blaireau qui arrive tout effaré. Ils font un tour sur eux-mêmes sans se reconnaître; Sylvestre sort et Blaireau vient tomber dans les bras de Fouinard.*)

SCÈNE V.
FOUINARD, BLAIREAU.

BLAIREAU. Garçon, vite un verre d'eau!.. de la fleur d'oranger!..

FOUINARD. Blaireau!..

BLAIREAU, *très-surpris.* Fouinard! sous ce costume!..

FOUINARD. Ah! mon ami!.... Une aventure atroce!.. j'ai failli être arrêté...

BLAIREAU. J'ai manqué être mis en pièces!

FOUINARD. Pour un cancan dont je suis innocent!..

BLAIREAU. Moi, pour un baiser dont je suis coupable!

FOUINARD. Comment, un baiser?.. Explique-toi!..

BLAIREAU. Tu sais bien ce joli domino rose que j'avais remarqué au bal...

FOUINARD. Et que tu as suivi en me plantant là.

BLAIREAU. Hélas, pourquoi t'ai-je quitté!.. (*Reprenant le récit.*) Après quelques tours dans le couloir, j'aborde... j'offre mon bras, des rafraîchissements... on accepte... nous nous rendons au foyer... et nous prenons du punch.

FOUINARD. Du punch!

BLAIREAU. Ah! Fouinard! que d'esprit!.. la conversation la plus piquante! l'organe le plus enchanteur! j'étais subjugué! fasciné!

FOUINARD. Ensuite?..

BLAIREAU. Une ritournelle se fait entendre... je propose une contredanse... j'entraîne mon charmant domino et nous nous mettons en place!... mais le punch que j'avais bu, le bruit de l'orchestre, les grâces de ma danseuse, tout cela me porte à la tête... enfin, que te dirai-je?... je risque un baiser... aussitôt je reçois dans l'estomac un coup de poing... et j'entends une grosse voix m'appeler: animal!..

FOUINARD. Et qui donc s'était permis?

BLAIREAU. Qui?.. ma danseuse... mon domino rose.

FOUINARD. Comment?..

BLAIREAU. C'était un homme!

FOUINARD. Un homme!

BLAIREAU. Oui, mon cher, un sous-officier de cavalerie légère.

FOUINARD. Ah! mon Dieu!

BLAIREAU. Surpris de cette brusque attaque... vexé d'avoir été pris pour dupe, je veux riposter... mais la foule s'amasse... on crie... on me menace... je vois briller des tricornes... alors, effrayé, plus mort que vif, je tente un effort désespéré... je m'élance hors du bal, poursuivi par les huées... les quolibets... je cours tout d'une haleine jusqu'à cette maison... et... me voici!

FOUINARD, *après un moment.* Ah! mon pauvre ami! voilà un fichu carnaval!

BLAIREAU. A qui le dis-tu!

FOUINARD. Pourquoi n'ai-je pas terminé mon inventaire!

BLAIREAU. Je suis bien fâché d'avoir quitté Louloute!

FOUINARD. J'ai bien mal à la tête, Blaireau!

BLAIREAU. Fouinard, je crains de couver une jaunisse!

FOUINARD. Rentrer chez moi avant le jour, sans éveiller mes commis, nos femmes, c'est impossible! pour comble de fatalité j'ai perdu mon passe-partout.

BLAIREAU. Il sera tombé de ta poche, lors de l'algarade du balcon.

FOUINARD. Que faire?.. que devenir d'ici là?..

BLAIREAU. Si nous essayions de manger un morceau?..

FOUINARD. Au fait, tu as raison... ça fera passer le temps.

BLAIREAU. Et ça nous remettra de toutes nos émotions de cette nuit.

FOUINARD. Seulement ne restons pas dans ce salon... il pourrait y venir des connaissances... des confrères... nous avons tant de chance!

BLAIREAU. Prenons un cabinet. (*Appelant.*) Garçon!

LE GARÇON, *entrant.* Ces messieurs désirent quelque chose?

FOUINARD. Avez-vous un cabinet vacant?

LE GARÇON. Au second, je crois qu'oui, Monsieur. (*On sonne en dehors.*) Voilà, voilà!.. (*Il sort.*)

BLAIREAU, *à Fouinard.* Montons! (*Fausse sortie. Fouinard s'arrête et va à la chaise où sont le paletot et le turban qu'il met sur sa tête.*) Ah! mon Dieu! qu'est-ce que tu as sur la tête?.. un turban!

FOUINARD, *s'arrêtant.* Un turban? Comment, on m'a pris mon chapeau?.. (*Regardant le turban.*) Ce turban ne m'a jamais appartenu... Et ce paletot?.. (*L'examinant.*) Mais je le reconnais! c'est celui de Sylvestre... Il a pris le mien!..

BLAIREAU, *étonné.* Comment, Sylvestre?..

FOUINARD. Oui, oui, je te conterai cela, viens, suis-moi!

ENSEMBLE.

Air : *Je veux vous embrasser* (Cocarde).

Cherchons un cabinet,
Un refuge discret,
Où sans crainte d'orage,
Nous puissions à loisir
Nous donner le plaisir
De manger un potage.

FOUINARD, *regardant le paletot.*

Sur moi vraiment,
Avec acharnement
Le dieu d'hymen se venge:
Pour un Elbeuf,
Pour un castor tout neuf,
Des loques en échange!

REPRISE ENSEMBLE.

Cherchons un cabinet, etc.

(*Fouinard et Blaireau sortent accompagnés jusqu'à la porte par le garçon qui est rentré pendant l'ensemble.*)

SCÈNE VI.

LES GARÇONS, *puis* CAROLINE ET VALÉRIE *en pierrettes, jupes de satin blanc, revers et ornements bleus.*

LE GARÇON, *indiquant.* L'escalier à main droite, au fond du corridor... vous demanderez le vingt-deux!.. (*Redescendant, et s'approchant de la table où s'est assis Sylvestre.*) Tiens! ce monsieur n'a pas touché à ses huîtres. (*Il en avale une.*) Au greffe!.. (*Il continue à les manger. En ce moment paraissent Caroline et Valérie.*)

VALÉRIE, *à Caroline.* Viens donc! ne tremble pas ainsi.

CAROLINE. Ah! ma chère, je suis morte de frayeur!

VALÉRIE. Entrons!

LE GARÇON, *les apercevant, et à part.* Tiens, des pierrettes!

VALÉRIE, *bas, à Caroline.* Informons-nous au garçon...

CAROLINE, *bas.* Peut-être mon frère est-il venu.

LE GARÇON, *à part, les regardant.* Eh! mais, ces costumes!.. C'est bien ça qu'on m'a désigné...

VALÉRIE, *s'avançant, avec timidité.* Monsieur!

LE GARÇON. Ces dames cherchent quelqu'un?..

CAROLINE. Oui... deux messieurs...

LE GARÇON, *avec malice.* Que deux?..

VALÉRIE, *avec un peu de hauteur.* Hein?.. vous dites?..

LE GARÇON. Je dis : Que deux?.. rien que deux?

VALÉRIE. Sans doute!.. Pourquoi cette question?

LE GARÇON, *embarrassé.* Ah! c'est que... (*A part.*) Au fait, c'est leur affaire... ça ne me regarde pas. (*Haut.*) Ils sont venus vous demander.

CAROLINE, *avec joie.* Ah!..

VALÉRIE. Et ils sont?..

LE GARÇON. Ils sont repartis.

CAROLINE. Ciel!

VALÉRIE. Repartis!

CAROLINE. Mais au moins ont-ils dit où ils allaient?.. Savez-vous s'ils doivent revenir?..

LE GARÇON. Non, quant à ça, j'ignore,... Mais ces dames peuvent toujours attendre.

CAROLINE. Oui, oui... nous attendrons, certainement.

LE GARÇON. Désirent-elles prendre quelque chose, en attendant?.. Du punch?.. des cigares?

VALÉRIE. Plus tard... nous verrons ça...

LE GARÇON. Bien, Mesdames! (*On entend appeler en dehors: Étienne! A part.*) La voix du singe! (*Haut.*) Pardon, mais on appelle en bas...

VALÉRIE. C'est bien, allez!.. Laissez-nous. (*Le garçon sort.*)

CAROLINE. Ah! Valérie! qu'avons-nous fait... et dans quel embarras nous sommes-nous jetées!

VALÉRIE. Voyons, ne te désole pas. L'intention était innocente, après tout... Nous ne voulions que nous amuser aux dépens de nos maris... les punir de leur escapade en les forçant, à leur insu, à faire leur carnaval avec nous.

CAROLINE. C'est pour cela que nous les avions suivis à l'Opéra... que nous avions échangé nos dominos contre ces costumes de pierrettes... afin de les intriguer... de leur jouer de nouveaux tours sous cette nouvelle forme.

VALÉRIE. Est-ce notre faute si le hasard est venu déranger tous nos plans?.. si nous avons perdu tout à coup ton frère dans la foule?

CAROLINE. Pourvu encore que Scipion parvienne à nous rejoindre!.. Lui seul peut retrouver le magasin de costumes où nous avons laissé nos robes, nos manteaux... et pour rien au monde je ne voudrais rentrer à la maison dans un pareil équipage...

VALÉRIE, *gaiement.* Je crois bien!.. Vois-tu d'ici

madame Fouinard... une femme établie... patentée... recevoir ses clients en costume de pierrette !

CAROLINE, *avec reproche.* Tu ris !.. mais moi je n'ai pas le cœur à la plaisanterie...

Air de *Lauzun.*

Oui, je commence à réfléchir ;
Car il semble, qu'en cette affaire,
Le sort ait voulu nous punir
De notre démarche...

VALÉRIE.
Eh ! ma chère,
En apprenant qu'on nous trompait,
Nous ne songions qu'à la vengeance. .

CAROLINE.
Et peut-être eussions-nous mieux fait
De ne songer qu'à la prudence.
Oui, peut-être eussions-nous bien fait
D'écouter un peu la prudence.

VALÉRIE, *devenue sérieuse.* Au fait, c'est possible, ce que tu dis là.

CAROLINE. Car, enfin, vois donc à quels embarras, quels périls nous nous sommes exposées... et tout ce qui pouvait en résulter pour nous.

VALÉRIE. C'est vrai !

CAROLINE. Quand je pense à cette rencontre que nous avons faite au bal... à ces messieurs si hardis, si entreprenants, qui voulaient absolument nous emmener souper...

VALÉRIE, *riant.* Et dont nous nous sommes débarrassées en les envoyant sous l'horloge.

CAROLINE. S'ils nous avaient retrouvées pourtant !.. Ah ! je frémis rien qu'à cette pensée...

VALÉRIE. Rassure-toi... ici, il n'est pas probable... (*Apercevant Achille et Dubourg, qui viennent de paraître au fond.*) Grand Dieu !..

CAROLINE. Qu'as tu ?

VALÉRIE. Ce sont eux !..

CAROLINE, *au comble de la frayeur.* Nous sommes perdues !.. (*Elles se serrent en tremblant l'une contre l'autre.*)

SCÈNE VII.

CAROLINE, VALÉRIE, ACHILLE ET DUBOURG,
puis BLAIREAU ET FOUINARD.

ACHILLE, *à Dubourg.* Le garçon ne se trompait pas !.. Les voici !.. (*Haut, en s'approchant.*) Ah ! ah ! belles colombes fugitives, vous ne vous attendiez pas à nous revoir...

VALÉRIE. Monsieur !..

DUBOURG. Vous pensiez nous faire perdre la piste...

ACHILLE. Mais nous sommes bons chasseurs, chère amie.

VALÉRIE, *voulant passer.* Laissez-nous, Monsieur !..

CAROLINE. Je vous en supplie !..

ACHILLE. Vous laisser ! non pas !.. Cette fois, nous vous tenons...

DUBOURG. Et nous ne vous laisserons plus envoler...

ACHILLE. Je vais commander le souper. (*Appelant.*) Garçon ! garçon !.. (*Il remonte, ainsi que Dubourg, et parle bas au garçon.*)

CAROLINE. Que faire ?.. que devenir ?..

FOUINARD, *entrant avec Blaireau.* Impossible de trouver un cabinet !..

CAROLINE, *les apercevant et poussant un cri de joie.* Ah !..

VALÉRIE, *à part.* Nos maris !.. (*Elles courent prendre chacune le bras de son mari.*)

CAROLINE, *à Fouinard.* Monsieur !

VALÉRIE, *à Blaireau.* Monsieur !

FOUINARD, *surpris.* Plaît-il ?

BLAIREAU, *de même.* Que voulez-vous ?

VALÉRIE, *à Blaireau.* De grâce, votre bras !

CAROLINE, *à Fouinard.* Soyez mon cavalier.

FOUINARD, *hésitant.* Votre cavalier !.. moi...

BLAIREAU, *de même.* Mon bras !.. mais, c'est que..

VALÉRIE, *à Blaireau.* Je vous en prie !

CAROLINE, *à Fouinard.* Ne me refusez pas !

FOUINARD, *à part, regardant Caroline.* Elle est fort gentille, cette petite pierrette !

BLAIREAU, *à part, regardant Valérie.* Taille svelte... des formes charmantes. (*Haut, en prenant son parti.*) Allons !

FOUINARD, *de même.* Allons !

BLAIREAU, *à Valérie.* Disposez de moi.

FOUINARD, *à Caroline.* Je me laisse faire une douce violence.

ACHILLE, *qui a tout regardé en silence ainsi que Dubourg, s'approchant.* Pardon, Messieurs, ces dames sont avec nous...

BLAIREAU ET FOUINARD. Comment ?..

ACHILLE. Elles soupent avec nous... Elles nous l'ont promis !

FOUINARD, *voulant retirer son bras.* Ah ! dame, si vous avez promis...

BLAIREAU, *de même.* Si vous êtes engagées...

FOUINARD, *à Achille.* Pardon, Monsieur, j'ignorais...

BLAIREAU, *à Dubourg.* Nous ignorions... absolument...

CAROLINE, *suppliante.* Monsieur, ne nous abandonnez pas !

VALÉRIE. Nous ne connaissons pas ces messieurs...

CAROLINE. Cette promesse... était une plaisanterie.

LES QUATRE HOMMES, *sur différents tons.* Une plaisanterie !

ACHILLE. Allons donc !.. ces dames nous ont si bien promis, qu'elles nous ont donné des gages.

FOUINARD, *voulant retirer son bras.* Ah ! c'est différent !.. Et, si vous avez donné des gages...

CAROLINE. Mais non... mais non...
VALÉRIE. Ne croyez pas!..
ACHILLE. Oui, parbleu!.. des gages!.. et, si vous en doutez... (Tirant un éventail de sa poche, et le donnant à Fouinard.) Tenez, voici l'un d'eux.
DUBOURG, donnant un mouchoir à Blaireau. Et voici l'autre.
CAROLINE. O ciel!..
VALÉRIE, à part. Pourvu qu'ils ne reconnaissent pas!..
FOUINARD, regardant l'éventail. Que vois-je!.. l'éventail de madame Blaireau!
BLAIREAU, à part, regardant le mouchoir. Ce mouchoir brodé... mais, c'est celui que j'ai donné à madame Fouinard, le jour de sa fête!

ENSEMBLE.

Air: Valse de Strauss.

BLAIREAU ET FOUINARD, à part.
Ah! qu'ai-je vu!
Qu'ai-je entendu!
Il se pourrait!
Fatal secret!
Ce pauvre ami,
Quel coup pour lui!
Taisons-nous bien,
Ne disons rien!

CAROLINE ET VALÉRIE.
Tout est connu!
Tout est perdu!
Qu'ayons-nous fait!
Fatal projet!
Ce pauvre ami,
Quel coup pour lui!
Taisons-nous bien,
Ne disons rien!

ACHILLE ET DUBOURG.
Vous l'avez vu,
Bien entendu!
Or, sans procès,
Cédez-nous-les!
Bientôt qu'ici
Tout soit fini!
Pour votre bien,
Ne dites rien!

ACHILLE. Allons, Messieurs, il faut s'exécuter de bonne grâce...
FOUINARD. Eh! Monsieur!..
ACHILLE. Vous avez besoin de réfléchir?.. de vous consulter avec ces dames?.. soit!.. Je suis bon diable... je vous donne cinq minutes... mais au bout de ce temps, si vous n'êtes pas décidés à nous céder nos deux jolies pierrettes, je vous en préviens, il faudra nous couper la gorge.
CAROLINE. Grand Dieu?..
FOUINARD ET BLAIREAU. Un duel!..
ACHILLE. Dans cinq minutes!.. vous avez entendu!

REPRISE DE L'ENSEMBLE.

FOUINARD ET BLAIREAU.
Ah! qu'ai-je vu! etc.
CAROLINE ET VALÉRIE.
Qu'ai-je entendu!
Tout est perdu, etc.
ACHILLE ET DUBOURG.
Oui, c'est bien vu,
Bien entendu, etc.

(Achille et Dubourg sortent.)

SCÈNE VIII.

BLAIREAU, FOUINARD, CAROLINE, VALÉRIE.

CAROLINE, à Valérie. Une querelle!.. un duel!.. oh! c'est affreux!..
VALÉRIE, bas. Calme-toi!.. Je réponds de tout... (Elles remontent et se parlent bas.)
FOUINARD, contemplant toujours l'éventail avec stupeur. C'était madame Blaireau!..
BLAIREAU, contemplant le mouchoir, à part. C'était madame Fouinard! (A part.) Certainement, malgré la légèreté de sa conduite, je dois la protéger, la défendre.
FOUINARD, à part. Par égard pour mon malheureux ami, je n'irai pas céder sa femme à ce monsieur!.. je me battrai plutôt avec lui... mais enfin un duel, c'est fort désagréable...
BLAIREAU, à part. Avoir une affaire sur les bras! comme c'est gai! ah! quel carnaval!
FOUINARD, à part. Mais j'y songe... madame Blaireau n'est pas seule... cette autre femme qui l'accompagne!..
BLAIREAU, à part. Mais cette amie?.. cette seconde pierrette!..
FOUINARD, de même. Ah! mon Dieu!..
BLAIREAU, de même. Ah! quel soupçon!.. (Pendant ces derniers mots chacune des deux femmes s'est rapprochée de son mari et se démasque.)
FOUINARD. Caroline!..
BLAIREAU. Valérie!..
LES DEUX FEMMES, avec une douleur affectée. Pardon, mon ami, pardon!
FOUINARD, à Caroline. Vous, Madame!.. vous ici!
BLAIREAU, à Valérie. Vous avez osé!..
VALÉRIE. Nous sommes bien coupables!
CAROLINE. Oh! oui!..
FOUINARD. Sortir à notre insu!.. sans notre permission!..
BLAIREAU. Se travestir!..
FOUINARD. Aller au bal!
VALÉRIE. Mais vous-mêmes, Messieurs...
FOUINARD. Nous, nous Mesdames, c'est bien différent...
BLAIREAU. Certainement, des hommes peuvent se permettre de légères distractions... sans que

pour cela, leurs femmes se croient le droit... (*S'interrompant.*) Et comment vous êtes-vous comportées?..

FOUINARD. Sans doute vous avez dansé?
CAROLINE. Oui, mon ami.
BLAIREAU. Polké?
VALÉRIE. Oui, mon ami.
FOUINARD. J'espère au moins qu'avant le bal vous n'avez pas soupé?..
CAROLINE. Si, mon ami.
FOUINARD. Soupé!.. vous avez soupé!..
BLAIREAU. Elles ont soupé!
CAROLINE ET VALÉRIE. Oui, mon ami.
FOUINARD. Seules?.. j'aime à le croire...
CAROLINE. Non, mon ami.
BLAIREAU. Avec... avec d'autres dames?..
VALÉRIE. Non, mon ami...
FOUINARD. Avec des hommes?..
CAROLINE ET VALÉRIE. Oui, mon ami...
BLAIREAU. Et elles l'avouent!..
VALÉRIE. Péché avoué est à moitié...
BLAIREAU, *éclatant*. C'est trop fort!..
FOUINARD. Et ces deux inconnus à qui elles laissent prendre des gages... qui viennent nous provoquer... et avec qui tout à l'heure il va falloir... voyez, Madame, voyez où peuvent conduire la légèreté, l'inconséquence...
VALÉRIE. Hélas!
BLAIREAU. Tout cela ne serait pas arrivé, si vous étiez restées chez vous... comme de bonnes ménagères.
VALÉRIE. Et nous y serions restées, si vous n'étiez pas sortis...
CAROLINE. L'idée de faire notre carnaval ne nous serait jamais venue...
VALÉRIE. Si vous n'aviez pas résolu de faire le vôtre..
FOUINARD. Eh! Madame!.. encore une fois, cela n'excuse pas...

SCÈNE IX.

LES MÊMES, ACHILLE ET DUBOURG.

ACHILLE. Les cinq minutes sont écoulées...
BLAIREAU. A l'autre, à présent!
ACHILLE. Avez-vous pris un parti?..
DUBOURG. Êtes-vous décidés?..
FOUINARD, *avec résolution*. Oui, Messieurs, oui, nous sommes décidés...
BLAIREAU. Très-décidés!..
ACHILLE. A nous céder ces dames?
FOUINARD. Non, Monsieur, à les garder.
BLAIREAU. Je crois bien!
FOUINARD. Nous sommes leurs maris!
ACHILLE ET DUBOURG. Leurs maris!
VALÉRIE. Oui, Messieurs,... ce sont nos maris!
ACHILLE. Allons donc!.. des femmes mariées...

qui courent les bals publics... en costume de pierrettes!..
FOUINARD, *à Valérie*. Vous entendez, Mesdames!
CAROLINE. Vous entendez, Messieurs!
ACHILLE. Je ne me contente pas de cette belle excuse-là... et si ces messieurs persistent à nous disputer nos conquêtes, eh bien! ils auront affaire à nous... à moi seul, s'il le faut... je les tuerai l'un après l'autre!..
FOUINARD. C'est ce que nous verrons!.. et si vous croyez nous faire peur...
BLAIREAU. Avec vos moustaches...
ACHILLE ET DUBOURG. Sortons!..
BLAIREAU ET FOUINARD. Sortons!..
CAROLINE ET VALÉRIE. Messieurs!.. mon ami!..

SCÈNE X.

LES MÊMES, SCIPION.

SCIPION, *entrant*. Qu'est-ce donc?.. qu'y a-t-il?..
BLAIREAU, FOUINARD ET VALÉRIE. Scipion!..
CAROLINE. Mon frère!..
SCIPION. Comment!.. ensemble!..
FOUINARD. Mon cher Scipion, vous arrivez à propos, j'ai un service à vous demander.
SCIPION. Et lequel?..
FOUINARD. Vous allez me servir de témoin...
BLAIREAU. Et à moi aussi!
SCIPION. Eh quoi! un duel!..
BLAIREAU. Deux duels!
SCIPION. Et avec qui donc?
FOUINARD, *montrant Achille*. Avec Monsieur.
SCIPION. Monsieur?.. (*Le regardant.*) Eh! mais, je vous reconnais... c'est avec vous que j'ai eu cette querelle, il y a deux jours, dans un café, à Marseille.
ACHILLE, *à part, troublé*. Ah! diable!..
SCIPION. Vous êtes parti subitement sans me donner de vos nouvelles.
ACHILLE. Une affaire imprévue... pressée... me rappelait à Paris.
SCIPION. Bien, bien, connu... dites donc, avant de vous battre avec ces messieurs, vous avez un petit compte à régler avec moi...
ACHILLE. Eh bien! soit, Monsieur... je vais vous attendre...
SCIPION. Où cela?..
ACHILLE. A Marseille!. viens, Dubourg. (*Ils sortent ensemble par le fond.*)

SCÈNE XI.

LES DEUX FEMMES, LES DEUX MARIS, SCIPION.

SCIPION. Fanfaron!.. enfin n'importe!.. je vous revois tous les quatre ensemble... vous vous êtes retrouvés, embrassés, expliqués...

FOUINARD. Oh!.. oh!.. pas encore!... il nous reste un point à éclaircir.

BLAIREAU. Nous voulons savoir où et avec qui ces dames ont soupé!

SCIPION. A propos, beau-frère, j'ai quelque chose à vous remettre...

FOUINARD. A moi?.. quoi donc?..

SCIPION. Votre passe-partout et votre étui à cigares que vous aviez oubliés... sur la cheminée... rue de Grammont... la maison à balcon...

FOUINARD. Comment?..

BLAIREAU. Ces dominos?..

FOUINARD. Ces prétendus maris?.. (*Les femmes se mettent à rire.*)

SCIPION. Ils sont très-bons vos panatellas, beau-frère... et je ne vous en veux pas de votre souper!

FOUINARD. Son frère... c'était lui!..

BLAIREAU, *inquiet.* Mais l'autre?.. l'autre?..

SCIPION. Un imbécile!.. (*A Fouinard.*) Votre commis?..

FOUINARD. Sylvestre?

SCIPION.

Air : *J'en guette un.*

Ne quittez plus votre ménage,
Voyez combien vous en avez souffert !
Et vous savez le vieil adage
Qui quitte sa place la perd.
D'autres que nous auraient bien pu la prendre,
Et cette place enlevée aux amours,
On n'est pas sûr de trouver la toujours...
Un frère exprès pour vous la rendre !

(*Cris et éclats de rire en dehors; Sylvestre entre poursuivi par des masques à qui il dispute son paletot.*)

SCÈNE XII.

LES MÊMES, SYLVESTRE, MASQUES, puis GORENFLOT ET FIFINE.

SYLVESTRE, *aux masques.* Mais laissez donc!.. (*Il leur arrache le paletot qui se déchire ; apercevant Fouinard.*) Ah!.. patron, je vous rapporte votre paletot.

FOUINARD. Mon paletot!.. dans cet état!..

SYLVESTRE. C'est un accident!.. je voulais vous le remettre avant de me rendre au magasin.

FOUINARD. Oh! je vous dispense d'y aller, Monsieur.

SYLVESTRE, *avec joie.* Vous me donnez congé?..

FOUINARD. Oui, Monsieur, un congé définitif... dès aujourd'hui vous n'êtes plus mon commis.

SYLVESTRE. Comment, renvoyé! et pourquoi?

FOUINARD. Cette lettre que j'ai trouvée dans votre paletot vous l'apprendra.

SYLVESTRE, *la prenant, et à part.* Mes vers à la patronne!..

FIFINE, *entrant, poursuivie par Gorenflot.* Mais laissez donc, père Gorenflot... vous devenez embêtant.

GORENFLOT, *un peu gris.* Fifine!.. je veux un baiser!.. un seul baiser sur vos jolies pommettes!..

FIFINE. Mais non, finissez!..

GORENFLOT. Fifine, je vous adore... je veux faire votre conquête.

FIFINE. Et votre femme?

GORENFLOT. Ma femme est à Lonjumeau. (*Il reçoit un soufflet d'une poissarde qui vient d'entrer.*) Azéma!.. elle m'avait épié!

SCIPION. Encore un mari qui fait son carnaval.

BLAIREAU. Et qui reçoit une leçon.

FOUINARD. Comme nous! (*Tous les masques se sont placés à des tables, on apporte du punch.*)

CHOEUR.

Air :

Joyeuse vie,
Trop tôt finie!
Un dernier toast, amis, à la folie!
Joyeuse vie,
Trop tôt finie!
Chez le traiteur
Un toast en son honneur!

FIN.

LAGNY. — Imprimerie de VIALAT et Cⁱᵉ.

EN VENTE CHEZ LE MÊME ÉDITEUR :

Titre	Prix	Titre	Prix	Titre	Prix	Titre	Prix
L'Aïeule.	75	Un Ange tutélaire.	50	Avocat Pédicure.	60	Ce qui manque aux Grisettes.	60
Un Monstre de Femme.	60	Un Jour de Liberté.	60	Trois Paysans.	60	La Poésie des Amours et…	60
La Jeunesse de Charles-Quint.	60	Wallace.	60	Chasse aux Jobards.	60	Les Viveurs de la Maison-d'Or.	60
Le Vicomte de Létorières.	60	L'Ecolier d'Oxford.	60	Mademoiselle Grabutot.	60	Un Troupier dans les Confitures.	60
Les Fées de Paris.	60	L'Oiseau du Bocage.	60	Père d'occasion.	60	Ma Tabatière.	60
Pour mon fils.	60	Paris à tous les Diables.	60	Croquignole.	60	Giacioso.	60
Lucienne.	60	Une Averse.	60	Henriette et Charlot.	60	E. H.	60
Les jolies Filles de Stilberg.	60	Madame de Cérigny.	60	Le Chevalier de Saint-Remy.	60	Trompe-la-Balle.	60
L'Enfant de Chœur.	60	Le Fiacre et le Parapluie.	60	Malheureux comme un Nègre.	60	Un Vendredi.	60
Le Grand Palatin.	60	Morale en action.	60	Un Vœu de jeune Fille.	60	Le Gibier du Roi.	60
La Tante mal gardée.	60	Liberté Libertas.	60	Secours contre l'Incendie.	60	Brac-a-Street.	60
Les Circonstances atténuantes.	60	L'Ile du prince Touton.	60	Chapeau Gris.	60	Adrienne Lecouvreur.	1 »
La Chasse aux Vautours.	60	Mimi Pinson.	60	Sans Dot.	60	Sans le Vouloir.	60
Les Batignollaises.	60	L'Article 170.	60	La Syrène du Luxembourg.	60	Le Mobilier de Bamboche.	60
Une Femme sous les Scellés.	60	Les Vivants.	60	Homme Sanguin.	60	Les Faubourgs de Paris.	60
Les Aides de Camp.	60	Les deux Pierrots.	60	La Fille obéissante.	60	Les Beautés de la Cour.	60
Le Mari à l'essai.	60	Seigneur des Broussailles.	60	Tantale.	60	La Famille.	60
Chez un Garçon.	60	Deux Tambours.	60	Deux Loups de Mer.	60	L'Hurluberlu.	60
Jakel's-Club.	60	Constant la Girouette.	60	Olnès.	60	Un Cheveu pour deux têtes.	60
Mérovée.	60	L'Amour dans tous les Quartiers de Paris.	60	La Croisée de Berthe.	60	L'Anc à Baptiste.	60
Les deux Couronnes.	60			La Filleule à Nicot.	60	Les Prodigalités de Bernerette.	60
Au Croissant d'Argent.	60	Madame Bugolin.	60	Les Charpentiers.	60	Les Bourgeois des Métiers.	60
Le Château de la Roche-Noire.	60	Petit Poucet.	60	Mademoiselle Faribole.	60	La Graine de Mousquetaires.	60
Mon illustre ami.	60	Camoëns.	60	Un Cheveu blond.	60	La Montagne qui accouche.	60
Talma en congé.	60	Escadron volant de la Reine.	60	Les Impressions de Ménage.	60	Le Juif-Errant.	60
L'Omelette Fantastique.	60	Le Lansquenet.	60	L'Homme aux 160 Millions.	60	Adrienne de Carotteville.	60
La Dragonne.	60	Une Voix.	60	Pierrot Posthume.	60	Un Socialiste en Province.	60
La Sœur de la Reine.	60	Agnès Bernau.	60	La Déesse.	60	Le Marin de la Garde.	60
La Vendetta.	60	Amours de M. et Mme Denis.	60	Une Existence découlorée.	60	Une Femme qui a une jambe de bois.	60
Le Poète.	60	Porthos.	60	Elle… ou la Mort !	60		
Les Informations Conjugales.	60	La Pêche aux Beaux-Pères.	60	Didier l'honnête Homme.	60	Mauricette.	60
Le Loup dans la Bergerie.	60	Révolte des Marmousets.	60	L'Enfant de quelqu'un.	60	Une Semaine à Londres.	60
L'Hôtel de Rambouillet.	60	Le Troisième Mari.	60	Les Chroniques bretonnes.	60	Le Cauchemar de son propriétaire.	60
Les deux Impératrices.	60	Un premier Souper de Louis XV.	60	Haydée ou le Secret.	1 »		
La Caisse d'Epargne.	60	L'Homme à la Mode.	60	L'Ait de ne pas donner d'Étrennes.	60	Le Marquis de Carabas.	60
Thomas le Rageur.	60	Une Confidence.	60	Le Puff.	1 »	La Ligue des Amants.	60
Derrière l'Alcôve.	60	Le Ménétrier.	60	La Tireuse de Cartes.	60	Les Sept-Billets.	60
La Villa Duflot.	60	L'Almanach des 25,000 Adresses.	60	La Nuit de Noël.	1 »	Passe-temps de Duchosne.	60
Péroline.	60	Une Histoire de Voleurs.	60	Christophe le Cordier.	60	Les Cascades de Saint-Cloud.	60
La Femme à la Mode.	60	Les Murs ont des Oreilles.	60	La Rose de Provins.	60	Lorettes en Arajoss.	60
Les égarements d'une Canne et d'un Parapluie.	60	L'Enseignement Mutuel.	60	Les Barricades de 1848.	60	Les Compatriotes.	60
		La Charbonnière.	60	34 Francs ! ou sinon !…	60	Un Tigre du Bengale.	60
Les deux Anes.	60	Le Code des Femmes.	60	Le Fils du Matelot.	60	Le Congrès de la Paix.	60
Poliquet, coiffeur de Dames.	60	On demande des Professeurs.	60	Les deux Pommades.	60	Les Représentants en vacances.	60
L'Anneau d'Argent.	60	Le Pot aux Roses.	60	La Femme blasée.	60	Les Grands Ecoliers en vacances.	60
Recette contre l'Embonpoint.	60	La Grande Bourse et les Petites Bourses.	60	Les Filles de la Liberté.	60	Un Intérieur comme il y en a tant !	60
Don Pascale.	60			Hercule Belhomme.	60		
Mademoiselle Déjazet au Sérail.	60	L'Enfant de la Maison.	60	Don Quichotte.	60	Le Moulin Joli.	60
Touboulie le Cruel.	60	Riche d'Amour.	60	L'Académicien de Pontoise.	60	La Rue de l'Homme-Armé.	60
Hermance.	60	La Comtesse de Moranges.	60	Ah ! Enfin !	60	La Fée aux Roses.	1 »
Les Canuts.	60	L'Amazone.	60	La Marquise d'Aubray.	60	Babet.	60
Entre Ciel et Terre.	60	La Gloire et le Pot-au-Feu.	60	Le Gentilhomme campagnard.	60	Un Lièvre en sevrage.	60
La Fille de Figaro.	60	Les Pommes de terre malades.	60	Les Peureux.	60	Eve Jne.	60
Métier et Quenouille.	60	Le Marchand de Marrons.	60	Le Chevalier de Beauvoisin.	60	Trousseau.	60
Angélique et Médor.	60	V'là ce qui vient d' paraître.	60	Le Gentilhomme de 1847.	60	Mademoiselle Caillou.	60
Loïsa.	60	La Loi salique.	60	La Rue Quincampoix.	60	L'Héritier du Czar.	60
Jocrisse en Famille.	60	L'Ange au Ciel.	60	La Republique de Platon.	60	Rhum.	60
L'autre Part du Diable.	60	L'Eau et le Feu.	60	Le Club des Maris.	60	Les Associés.	60
La Chasse aux Belles Filles.	60	Beaugaillard.	60	Oscar XXVIII.	60	Les Fredaines de Troussard.	60
La Salle d'Armes.	60	Mardi Gras.	60	Une Chaîne Anglaise.	60	Les Partageux.	60
Une Femme compromise.	60	Le Retour du Conseil.	60	Un Petit de la Mobile.	60	Daphnis et Chloé.	60
Patineau.	60	Le Mari perdu.	60	Histoire de rire.	60	Malbranchu.	60
Madame Roland.	60	Dieux de l'Olympe à Paris.	60	Les vingt sous de Périnette.	60	La fin d'une République.	60
L'Esclave du Camoëns.	60	Le Carillon de Saint-Mandé.	60	Le Serpent de la Paroisse.	60	La Croix de Saint-Jacques.	60
Les Réparations.	60	Geneviève.	60	Agénor le Dangereux.	60	Paris sans impôts.	60
Mariage du Garnin de Paris.	60	Mademoiselle ma Femme.	60	Roger Bontemps.	60	Un Quinze-Vingt.	60
Veille du Mariage.	60	Mal du Pays.	60	L'Eté de la Saint-Martin.	60	Les Gardes françaises.	60
Paris bloqué.	60	Mort civilement.	60	Jeanne la Folle.	1 »	Les Vignes du Seigneur.	60
Un Ménage Parisien.	1 »	Garde-Malade.	60	Les suites d'un Feu d'Artifice.	60	La Perle des Servantes.	60
La Bonbonnière.	60	Fruit defendu.	60	O Amitié !, ou les trois Époques.	60	Un ami malheureux.	60
Adrien.	60	Un Cœur de Grand'Mère.	60	La Propriété, c'est le Vol.	60	Un de perdu, une de retrouvée.	60
Pierre le Millionnaire.	60	Nouvelle Clarisse Harlowe.	60	La Poule aux Œufs d'Or.	60	La Republique des lettres.	60
Carlo et Carlin.	60	Place Ventadour.	60	Elevés ensemble.	60	Figaro en province.	60
Le Moyen le plus sûr.	60	Nicolas Poulet.	60	L'Hôtellerie de Genève.	60	La Dame de Trèfle.	60
Le Papillon Jaune et Bleu.	60	Roch et Luc.	60	A bas la Famille ou les Banquets.	60	Le Ver luisant.	60
La Polka en province.	60	La Protégée sans le savoir.	60	Daniel.	1 »	Les Secrets du Diable.	60
Une Séparation.	60	Une Fille Terrible.	60	Le Voyage de Nanette.	60	Deux vieux Papillons.	60
Le roi Dagobert.	60	La Planète à Paris.	60	Titine à la Cour.	60	La Murée de Poissy.	60
Frère Galfâtre.	60	L'Homme qui se cherche.	60	Le baron de Castel-Sarrazin.	60	L'homme aux Souris.	60
Nicaise à Paris.	60	Maître Jean.	60	Madame Murnelle.	1 »	Le Baiser de l'Étrier.	60
Le Troubadour-Omnibus.	60	Ne touchez pas à la Reine.	1 »	Un Gendre aux Epinards.	60	Planète et Satellites.	60
Un Mystère.	60	Une année à Paris.	60	Madame veuve Lamilla.	60	Héloïse et Abailard.	60
Le Billet de faire part.	60	Irène ou le Magnétisme.	60	La Reine d'Yvetot.	60	Une Veuve inconsolable.	60
Pulcinella.	60	Amour et Biberon.	60	Les Manchettes d'un Vilain.	60	A la Bastille.	60
Fiorina.	60	En Carnaval.	60	Le Duel aux Mauvaises.	60	Jean-Bart.	60
La Sainte-Cécile.	60	Bal et Bastringue.	60	Les Filles du Docteur.	60	Les Pupilles de dame Charlotte.	60
Follette.	60	Un Bouillon d'onze heures.	60	Un Turc puis dans une porte.	60	Le Loup de Charité.	60
Deux Filles à Marier.	60	Cour de Biberack.	60	Les Grenouilles qui demandent un Roi.	60	Un Fantôme.	60
Monseigneur.	60	D'Aranda.	60			Les Nains du Roi.	60
A la Belle Etoile.	60	Femme qui se jette par la fenêtre.	60				

SUITE DU CATALOGUE.

Les trois Racan.	60	Les Néréides et les Cyclopes.	60
Les Sociétés secrètes.	60	Poste restante.	60
Le Chevalier de Servigny.	60	Le Portier de sa Maison.	60
C'en était un.	60	Les Compagnons d'Ulysse.	60
Les trois Dondon.	60	Le Roi des Drôles.	60
Giralda.	1 »	La Mère Moreau.	60
La première chanson de Gallet	60	La Queue du Diable.	60
Méphistophélès.	60	Le Bal de la Halle.	60
L'Alchimiste.	60	Méridien.	60
Le père Nourricier.	60	La première Maîtresse.	60
Grassot embêté par Ravel.	60	La Jolie Meunière.	60
La Société du Doigt dans l'OEil.	60	La tante Ursule.	60
L'Hôtesse de Saint-Eloy.	60	Mademoiselle de Navailles.	60
La Fille bien gardée.	60	Prunes et Chinois.	60
Le Jour et la Nuit.	60	Histoire d'une Femme mariée.	60
Plaisir et Charité.	60	Les Mystères d'Udolphe.	1 »
Marié au second Garçon au cinquième.	60	Une Poule Mouillée.	60
Un Bal en robe de chambre.	60	Sullivan.	60
Né Coiffé.	60	Taconnet.	60
Le Ménage de Rigolette.	60	Alice ou l'Ange du Foyer.	60
Le Pont Cassé.	60	Marco Spada.	60
Un Valet sans Livrée.	60	Tabarin.	60
Le Paysan.	60	Les Abeilles et les Violettes.	60
Charles le Téméraire.	60	Le Lutin de la Vallée.	60
L'Anneau de Salomon.	60	Le Baromètre des Amours.	60
Supplice de Tantale.	60	Habitez donc votre immeuble!	60
Les Infidélités Conjugales.	60	Le Miroir.	60
Les Petits Moyens.	60	Richelieu.	1 »
Les Escargots sympathiques.	60	On dira des bêtises.	60
La Grenouille du Régiment.	60		
Les Tentations d'Antoinette.	60		
La baronne Bergamotte.	60		
Les Extases de M. Hochenez.	60		
Le Journal pour rire.	60		
Le Renard et les Raisins.	60		
La Belle au Bois dormant.	60		
La Course aux Pommes d'Or.	60		
Christian et Marguerite.	60		
L'Avocat Loubet.	60		
Royal-Tambour.	60		
Mam'zelle fait ses dents.	60		
Le vol à la Roulade.	60		
La Fée Cocotte.	60		
Mon ami Babolin.	60		
Le Palais de Cristal.	60		
Passiflor et Cactus.	60		
Le Duel au Baiser.	60		
Les Trois Ages des Variétés.	60		
English Exhibition.	60		
Blondette.	60		
Histoire d'une Rose et d'un Croquemort.	60		
L'Agent secret.	60		
Drinn-Drinn.	60		
Une Paire de Pères.	60		
Les Giboulées.	60		
Un Monsieur qui n'a pas d'habit.	60		
Mignon.	60		
La Chasse aux Grisettes.	60		
Voilà plaisir, Mesdames!	60		
La Vénus à la Fraise.	60		
Les deux Prud'hommes.	60		
M. Barbe-Bleue.	60		
Une Queue Rouge.	60		
Le Pour et le Contre.	60		
Le Puits mitoyen.	60		
Trois Amours de Pompiers.	60		
Les Bloomeristes ou la réforme des Jupons.	60		
Le Laquais d'un nègre.	60		
Los Dansores espagnolas.	60		
Madame Schlick.	60		
Le Prince Ajax.	60		
Les Enfants de la Balle.	60		
L'Ami de la maison.	60		
La Marquise de La Bretèche.	60		
Une Veuve de 15 ans.	60		
Une passion à la Vanille.	60		
Un service à Blanchard.	60		
L'Original et la Copie.	60		
Une rivière dans le dos.	60		
Cinq Gaillards dont deux Gaillardes.	60		
Un Frère terrible.	60		
Une Vengeance.	60		
Une petite Fille de la Grande Armée.	60		
La Fille d'Hoffmann.	60		
Un soufflet n'est jamais perdu.	60		
Les Femmes de Gavarni.	60		
La Maîtresse d'été et la Maîtresse d'hiver.	60		
Les Echelons du mari.	60		

LAGNY. — Imprimerie de VIALAT et Cie.

www.ingramcontent.com/pod-product-compliance
Lightning Source LLC
Chambersburg PA
CBHW060503050426
42451CB00009B/800